Gastronomie Anti-inflamatorie pentru Începători
Descoperă Bucătăria Care Îmbină Gustul cu Sănătatea

Elena Popescu

CUPRINS

Biscuiți umpluți pentru micul dejun Porții: 10 17
Ingrediente: 17
Directii: 17
Cartofi dulci umpluți cu ou Porții: 1 19
Ingrediente: 19
Directii: 19
Porții de ovăz fără gătire peste noapte: 1 21
Ingrediente: 21
Directii: 21
Boluri cremoase cu cartofi dulci Porții: 2 23
Ingrediente: 23
Directii: 23
Porții de ciocolată cu turmeric: 2 25
Ingrediente: 25
Directii: 25
Ouă energetice rapide și picante: 1 26
Ingrediente: 26
Directii: 26
Porții de sufle cu cheddar și arpagic: 8 27
Ingrediente: 27
Directii: 28
Clătite de hrișcă cu lapte de migdale vanilate: 1 29
Ingrediente: 29
Directii: 29

Cupă cu ouă cu spanac și feta Porții: 3 31
   Ingrediente: 31
   Directii: 31
Frittata de mic dejun Porții: 2 33
   Ingrediente: 33
   Directii: 33
Bol pentru burrito cu pui și quinoa: 6 34
   Ingrediente: 34
   Directii: 35
Pâine prăjită Avo cu ouă: 3 36
   Ingrediente: 36
   Directii: 36
Porții de ovăz de migdale: 2 37
   Ingrediente: 37
   Directii: 37
Clătite Choco-nana Porții: 2 38
   Ingrediente: 38
   Directii: 38
Batoane de ovăz cu cartofi dulci Porții: 6 40
   Ingrediente: 40
   Directii: 41
Porții de hash browns ușor de gătit: 3 43
   Ingrediente: 43
   Directii: 43
Frittata cu ciuperci sparanghel Porții: 1 45
   Ingrediente: 45
   Directii: 45

Caserolă de pâine prăjită cu aragaz lent Porții: 9 47
Ingrediente: 47
Directii: 48
Porții de curcan cu cimbru și salvie: 4 49
Ingrediente: 49
Directii: 49
Smoothie cu cireșe și spanac Porții: 1 51
Ingrediente: 51
Directii: 51
Cartofi pentru micul dejun Porții: 2 52
Ingrediente: 52
Directii: 52
Porții de fulgi de ovăz cu banane instant: 1 53
Ingrediente: 53
Directii: 53
Smoothie cu unt de migdale și banane Porții: 1 54
Ingrediente: 54
Directii: 54
Batoane energetice cu ciocolată Chia fără coacere Porții: 14 55
Ingrediente: 55
Directii: 55
Bol pentru mic dejun cu fructe de in Porții: 1 57
Ingrediente: 57
Directii: 58
Mic dejun Fulgi de ovăz în porții de aragaz lentă: 8 59
Ingrediente: 59
Directii: 59

Porții de pâine Pumpernickel: 12 61

Ingrediente: 61

Directii: 62

Porții de budincă de chia cu nucă de cocos și zmeură: 4 64

Ingrediente: 64

Directii: 64

Porții de salată pentru micul dejun de weekend: 4 65

Ingrediente: 65

Directii: 66

Orez vegetarian delicios cu brânză, cu broccoli și conopidă 67

Ingrediente: 67

Directii: 68

Porții de pâine prăjită mediteraneană: 2 69

Ingrediente: 69

Directii: 69

Salată de mic dejun cu cartofi dulci Porții: 2 71

Ingrediente: 71

Directii: 71

Cupe de mic dejun hash maro porții: 8 72

Ingrediente: 72

Directii: 72

Omletă cu ciuperci cu spanac Porții: 2 73

Ingrediente: 73

Directii: 73

Wraps cu salată verde cu pui și legume Porții: 2 75

Ingrediente: 75

Directii: 76

Bol cu banane cremoase cu scorțișoară Porții: 1 77
Ingrediente: 77
Cereale bune cu merisoare si scortisoara portii: 2 78
Ingrediente: 78
Directii: 78
Porții de omletă pentru micul dejun: 2 80
Ingrediente: 80
Directii: 80
Porții de pâine sandwich din grâu integral: 12 81
Ingrediente: 81
Directii: 81
Gyros de pui mărunțit 84
Ingrediente: 84
Directii: 85
Supă de cartofi dulci Porții: 6 86
Ingrediente: 86
Directii: 86
Boluri cu burrito cu quinoa Ingrediente: 88
Directii: 89
Broccolini cu migdale Porții: 6 90
Ingrediente: 90
Directii: 90
Ingrediente pentru vas de quinoa: 92
Directii: 92
Porții de salată cu ouă Clean Eating: 2 94
Ingrediente: 94
Directii: 94

Porții de chili cu fasole albă: 4 95
Ingrediente: 95
Directii: 96
Ton cu lămâie Porții: 4 97
Ingrediente: 97
Directii: 97
Tilapia cu sparanghel și dovleac ghindă Porții: 4 99
Ingrediente: 99
Directii: 99
Coaceți completarea de pui cu măsline, roșii și busuioc 101
Ingrediente: 101
Directii: 101
Ratatouille Porții: 8 103
Ingrediente: 103
Directii: 103
Porții de supă de chiftele de pui: 4 105
Ingrediente: 105
Directii: 106
Salata de Varza Portocale Cu Vinaigreta Citrice 107
Ingrediente: 107
Directii: 108
Tempeh și rădăcină porții de copt: 4 109
Ingrediente: 109
Directii: 109
Porții de supă verde: 2 111
Ingrediente: 111
Directii: 112

Pizza cu pepperoni Ingrediente: 113

Directii: 113

Porții de gazpacho cu sfeclă: 4 115

Ingrediente: 115

Directii: 115

Rigatoni de dovleac copt Ingrediente: 117

Directii: 117

Supă Capellini cu tofu și creveți porții: 8 119

Ingrediente: 119

Directii: 120

Boluri pentru taco de chifteluțe Ingrediente: 121

Directii: 122

Zoodles pesto de avocado cu porții de somon: 4 124

Ingrediente: 124

Directii: 124

Cartofi dulci, măr și ceapă condiționați cu turmeric cu pui 126

Ingrediente: 126

Porții de friptură de somon cu plante aromate: 4 128

Ingrediente: 128

Directii: 128

Tofu și legume de vară condimentate în Italia: 4 130

Ingrediente: 130

Directii: 130

Ingrediente pentru salata de capsuni si branza de capra: 132

Directii: 132

Turmeric, conopidă și tocană de cod Porții: 4 134

Ingrediente: 134

Directii:	135
Deliciu cu nuci și sparanghel Porții: 4	136
Ingrediente:	136
Directii:	136
Paste Alfredo Zucchini Ingrediente:	137
Directii:	137
Ingrediente de pui cu quinoa curcan:	139
Directii:	140
Fidea cu usturoi și dovleac Porții: 4	142
Ingrediente:	142
Directii:	143
Păstrăv la abur cu fasole roșie și salsa chili Porții: 1	144
Ingrediente:	144
Directii:	145
Porții de supă de cartofi dulci și curcan: 4	146
Ingrediente:	146
Directii:	147
Porții de somon la grătar miso: 2	148
Ingrediente:	148
Directii:	148
Porții de file fulgioase pur și simplu sotate: 6	150
Ingrediente:	150
Directii:	150
Carnitas de porc Porții: 10	151
Ingrediente:	151
Directii:	152
Cioda de peste alb cu legume	153

Porții: 6 până la 8 153
Ingrediente: 153
Directii: 153
Porții de scoici cu lămâie: 4 155
Ingrediente: 155
Directii: 155
Porții de somon lime și chili: 2 156
Ingrediente: 156
Directii: 156
Paste cu ton cu brânză Porții: 3-4 157
Ingrediente: 157
Directii: 157
Fâșii de pește cu crustă de nucă de cocos Porții: 4 159
Ingrediente: 159
Directii: 160
Porții de pește mexican: 2 161
Ingrediente: 161
Directii: 161
Salsa de Pastrav Cu Castraveti: 4 163
Ingrediente: 163
Zoodles cu lămâie cu creveți porții: 4 165
Ingrediente: 165
Directii: 165
Porții de creveți crocanți: 4 167
Ingrediente: 167
Directii: 167
Porții de biban la grătar: 2 168

Ingrediente: 168

Directii: 168

Prăjituri cu somon Porții: 4 169

Ingrediente: 169

Directii: 169

Cod picant porții: 4 170

Ingrediente: 170

Directii: 170

Porții de tartinat cu păstrăv afumat: 2 171

Ingrediente: 171

Directii: 171

Porții de ton și eșalotă: 4 173

Ingrediente: 173

Directii: 173

Porții de creveți lămâie piper: 2 174

Ingrediente: 174

Directii: 174

Porții de friptură de ton fierbinte: 6 175

Ingrediente: 175

Directii: 175

Porții de somon cajun: 2 177

Ingrediente: 177

Directii: 177

Bol De Somon De Quinoa Cu Legume 178

Porții: 4 178

Ingrediente: 178

Porții de pește mărunțit: 4 180

Ingrediente: 180

Directii: 180

Porții de chifteluțe simple cu somon: 4 181

Ingrediente: 181

Directii: 182

Porții de creveți floricele: 4 183

Ingrediente: 183

Directii: 184

Porții de pește picant la cuptor: 5 185

Ingrediente: 185

Directii: 185

Ton boiaua porții: 4 186

Ingrediente: 186

Directii: 186

Porții de chifteluțe de pește: 2 187

Ingrediente: 187

Directii: 187

Scoițe prăjite cu porții de miere: 4 188

Ingrediente: 188

Directii: 188

File de cod cu ciuperci Shiitake Porții: 4 190

Ingrediente: 190

Directii: 190

Porții de biban alb la grătar: 2 192

Ingrediente: 192

Directii: 192

Merluciu cu roșii la cuptor Porții: 4-5 193

Ingrediente:	193
Directii:	193
Porții de eglefin prăjit cu sfeclă: 4	195
Ingrediente:	195
Porții de ton topit de inimă: 4	197
Ingrediente:	197
Directii:	197
Lămâie Somon Cu Lime Kaffir Porții: 8	199
Ingrediente:	199
Directii:	199
Somon fraged în sos de muștar Porții: 2	201
Ingrediente:	201
Directii:	201
Porții de salată de crab: 4	203
Ingrediente:	203
Directii:	203
Somon copt cu sos miso Porții: 4	204
Ingrediente:	204
Directii:	204
Cod la cuptor acoperit cu ierburi cu miere Porții: 2	206
Ingrediente:	206
Directii:	206
Parmezan Cod Mix Porții: 4	208
Ingrediente:	208
Directii:	208
Porții de creveți crocanți cu usturoi: 4	209
Ingrediente:	209

Directii: 209
Amestecul cremos de biban de mare Porții: 4 210
Ingrediente: 210
Directii: 210
Porții de castraveți Ahi Poke: 4...211
Ingrediente: 211
Mix de cod de mentă Porții: 4 213
Ingrediente: 213
Directii: 213
Porții de tilapia cu lămâie și cremoasă: 4 215
Ingrediente: 215
Directii: 215
Porții de tacos cu pește: 4 217
Ingrediente: 217
Directii: 218
Mix de biban de ghimbir Porții: 4 219
Ingrediente: 219
Directii: 219

Biscuiți umpluți pentru micul dejun Porții: 10

Timp de gătire: 30 de minute

Ingrediente:

1 lingura ulei vegetal

¼ lb. cârnați de curcan

2 oua, batute

Piper dupa gust

10 oz. biscuiti refrigerati

Spray de gatit

Directii:

1. Într-o tigaie la foc mediu, turnați uleiul și gătiți cârnații pentru 5 minute.

2. Transferați într-un castron și lăsați deoparte.

3. Gatiti ouale in tigaie si asezonati cu piper.

4. Adăugați ouăle în vasul cu cârnați.

5. Aranjați aluatul de biscuiți în friteuza cu aer.

6. Acoperiți fiecare cu amestecul de ouă și cârnați.

7. Îndoiți și sigilați.

8. Pulverizati cu ulei.

9. Gatiti in friteuza cu aer la 325 de grade F timp de 8 minute.

10. Întoarceți și gătiți încă 7 minute.

Cartofi dulci umpluți cu ou Porții: 1

Timp de preparare: 25 de minute

Ingrediente:

Cartofi dulci, fierți - 1

Ouă mari - 2

Brânză cheddar, mărunțită – 2 linguri

Ceapa verde, feliata - 1

Ulei de măsline extravirgin – 0,5 lingură

Ciupercă cu nasturi, tăiată cubulețe – 2

Sare de mare – 0,25 linguriță

Directii:

1. Încălziți cuptorul la 350 de grade Fahrenheit și pregătiți o foaie de copt mică sau vas pentru cartofi.

2. Tăiați cartofii dulci fierți în jumătate și puneți-i pe tava de copt. Cu o lingură, scoateți cu grijă pulpa de portocală a cartofului din coajă, având grijă să lăsați coaja intactă fără a o rupe. Transferați pulpa cartofului într-un castron mic. Folosiți o furculiță pentru a piure carnea cartofului dulci în bol.

3. În cartofii dulci din castron, adăugați brânza cheddar, ceapa verde, uleiul de măsline și ciupercile. Combinați amestecul și apoi introduceți-l înapoi în coaja cartofului dulci de pe tava de copt.

4. Folosiți lingura pentru a crea un crater sau o fântână în centrul fiecărei jumătăți de cartof și apoi spargeți câte un ou în fiecare crater. Presărați sarea de mare peste cartofii dulci și ou.

5. Puneți tava cu cartofii la cuptor și lăsați-i să se coacă până când oul este setat după preferință și cartofii sunt fierbinți, aproximativ cincisprezece până la douăzeci de minute. Scoateți foaia din cuptor și savurați-le proaspete și fierbinți.

Porții de ovăz fără gătire peste noapte: 1

Ingrediente:

1 ½ c. lapte degresat

5 bucati de migdale intregi

1 lingura semințe chia

2 linguri. Ovăz

1 lingura seminte de floarea soarelui

1 lingura. Craisins

Directii:

1. Într-un borcan sau o sticlă mason cu capac, amestecați toate ingredientele.

2. Dați la frigider peste noapte.

3. Savurați la micul dejun. Se va păstra la frigider până la 3 zile.

Informații nutriționale:Calorii: 271, grăsimi: 9,8 g, carbohidrați: 35,4 g, proteine: 16,7

g, zaharuri: 9 g, sodiu: 97 mg

Boluri cremoase cu cartofi dulci Porții: 2

Timp de gătire: 7 minute

Ingrediente:

Cartofi dulci, copți - 2

Lapte de migdale, neindulcit – 0,5 cană

Scorțisoară, măcinată – 0,25 linguriță

Extract de vanilie – 0,5 linguriță

Seminte de in, macinate - 1 lingura

Pastă de curmale - 1 lingură

unt de migdale - 2 linguri

Afine - 0,5 cană

Directii:

1. Vrei cartofii tăi dulci prăjiți fierbinți, așa că dacă anterior au fost prăjiți și răciți, reîncălziți cartofii dulci gătiți în cuptorul cu microunde sau în cuptor înainte de a vă prepara bolurile.

2. Scoateți coaja cartofului dulci și puneți pulpa cartofului într-un blender împreună cu toate celelalte ingrediente din bolul de cartofi dulci, cu

excepția afinelor. Pulsați-l până când este omogen și cremos, aproximativ treizeci de secunde, apoi transferați conținutul într-un castron mare. Acoperiți vasul cu afine și, dacă doriți, puțin lapte de migdale în plus. Puteți adăuga chiar și niște granola, nuci sau semințe, dacă doriți un crocant.

Porții de ciocolată cu turmeric: 2

Timp de gătire: 5 minute

Ingrediente:

1 cana lapte de cocos, neindulcit

2 lingurite ulei de cocos, topit

1½ linguriță pudră de cacao

1 lingurita turmeric macinat

Un praf de piper negru

Un praf de piper cayenne

2 lingurițe de miere crudă

Directii:

1. Puneti laptele intr-o tigaie, incalziti-l la foc mediu, adaugati uleiul, pudra de cacao, turmeric, piper negru, cayenne si miere. Se amestecă bine, se fierbe 5 minute, se toarnă într-o cană și se servește.

2. Bucură-te!

Informații nutriționale:calorii 281, grăsimi 12, fibre 4, carbohidrați 12, proteine 7

Ouă energetice rapide și picante: 1

Timp de preparare: 3 minute

Ingrediente:

1-lingurita lapte

1 lingurita unt topit

2-buc ouă

Un strop de ierburi și mirodenii: mărar uscat, oregano uscat, pătrunjel uscat, cimbru uscat și pudră de usturoi

Directii:

1. Preîncălziți cuptorul la 325°F. Între timp, ungeți fundul unei tăvi de copt cu lapte și unt.

2. Spargeți ouăle ușor peste stratul de lapte și unt. Stropiți ouăle cu ierburi uscate și praf de usturoi.

3. Introdu tava la cuptor. Coaceți timp de 3 minute sau până când ouăle se gătesc.

Informații nutriționale:Calorii 177 Grăsimi: 5,9 g Proteine: 8,8 g Sodiu: 157 mg Carbohidrați totali: 22,8 g Fibre alimentare: 0,7 g

Porții de sufle cu cheddar și arpagic: 8

Timp de preparare: 25 de minute

Ingrediente:

½ cană făină de migdale

¼ cană de arpagic tocat

1 lingurita sare

½ linguriță gumă xantan

1 lingurita mustar macinat

¼ lingurita piper cayenne

½ lingurita piper negru crapat

¾ cană smântână groasă

2 căni de brânză cheddar mărunțită

½ cană praf de copt

6 oua bio, separate

Directii:

1. Porniți cuptorul, apoi setați-i temperatura la 350°F și lăsați-l să se preîncălzească.

2. Luați un castron mediu, adăugați făină în el, adăugați ingredientele rămase în el, cu excepția prafului de copt și a ouălor și amestecați până se combină.

3. Separați gălbenușurile și albușurile între două boluri, adăugați gălbenușurile în amestecul de făină și amestecați până se încorporează.

4. Adăugați praful de copt în albușuri și bateți cu un mixer electric până se formează vârfuri tari, apoi amestecați albușurile în amestecul de făină până se amestecă bine.

5. Împărțiți aluatul uniform între opt rame și apoi coaceți timp de 25 de minute până când este gata.

6. Serviți imediat sau păstrați la frigider până când este gata de mâncare.

Informații nutriționale:Calorii 288, grăsimi totale 21 g, carbohidrați 3 g, proteine 14 g

Clătite de hrișcă cu lapte de migdale vanilate: 1

Ingrediente:

½ c. lapte de migdale vanilie neindulcit

2-4 pachete de îndulcitor natural

1/8 linguriță. sare

½ cană făină de hrișcă

½ linguriță. praf de copt cu dublă acțiune

Directii:

1. Pregătiți o grătar antiaderent pentru clătite și stropiți cu spray-ul de gătit, puneți la foc mediu.

2. Se amestecă făina de hrișcă, sarea, praful de copt și stevia într-un castron mic și apoi se amestecă laptele de migdale.

3. Pe tigaie, puneți o lingură mare de aluat, gătiți până când bulele nu mai ies la suprafață și întreaga suprafață pare uscată și (2-4 minute). Întoarceți și gătiți încă 2-4 minute. Repetați cu tot aluatul rămas.

Informații nutriționale:Calorii: 240, grăsimi: 4,5 g, carbohidrați: 2 g, proteine: 11 g, zaharuri: 17 g, sodiu: 67 mg

Cupă cu ouă cu spanac și feta Porții: 3

Timp de preparare: 25 de minute

Ingrediente:

Ouă mari - 6

Piper negru, măcinat – 0,125 linguriță

Pudră de ceapă – 0,25 linguriță

Pudră de usturoi – 0,25 linguriță

Brânză feta – 0,33 cană

Baby spanac – 1,5 căni

Sare de mare – 0,25 linguriță

Directii:

1. Încălziți cuptorul la 350 de grade Fahrenheit, puneți grătarul în centrul cuptorului și ungeți o formă de brioșe.

2. Împărțiți spanac și brânza feta în fundul celor douăsprezece cești de brioșe.

3. Într-un castron, amestecați ouăle, sarea de mare, pudra de usturoi, praful de ceapă și piperul negru până când albușul se descompune complet în

gălbenuș. Se toarnă oul peste spanac și brânză în cupele pentru brioșe, umplând paharele la trei sferturi. Puneți tava de copt în cuptor până când ouăle sunt complet fierte, aproximativ optsprezece până la douăzeci de minute.

4. Scoateți cupele cu ouă cu spanac și feta din cuptor și serviți calde sau lăsați ouăle să se răcească complet la temperatura camerei înainte de a le răci.

Frittata de mic dejun Porții: 2

Timp de preparare: 20 de minute

Ingrediente:

1 ceapa, tocata

2 linguri ardei gras rosu, tocat

¼ lb. cârnați de curcan pentru micul dejun, gătiți și mărunțiți 3 ouă, bătuți

Ciupiți piper cayenne

Directii:

1. Amestecă toate ingredientele într-un bol.

2. Se toarnă într-o tavă mică de copt.

3. Adăugați tava de copt în coșul pentru friteuza cu aer.

4. Gatiti in friteuza cu aer timp de 20 de minute.

Bol pentru burrito cu pui și quinoa: 6

Timp de preparare: 5 ore

Ingrediente:

1 lb. pulpe de pui (fără piele, fără os)

1 cană de supă de pui

1 poate avea roșii tăiate cubulețe (14,5 oz)

1 ceapa (tocata)

3 catei de usturoi (tocati)

2 linguri pudra de chili

½ lingurita coriandru

½ linguriță pudră de usturoi

1 ardei gras (tocat fin)

15 oz fasole pinto (scurcata)

1 ½ cană brânză cheddar (răzuită)

Directii:

1. Combinați puiul, roșiile, bulionul, ceapa, usturoiul, pudra de chili, pudra de usturoi, coriandru și sare. Pune aragazul la foc mic.

2. Scoateți puiul și tăiați-l în bucăți cu o furculiță și un cuțit.

3. Puneți puiul înapoi în aragazul lent și adăugați quinoa și fasolea pinto.

4. Puneți aragazul la foc mic timp de 2 ore.

5. Adaugati branza deasupra si continuati sa gatiti si amestecati usor pana cand branza se topeste.

6. Serviți.

<u>Informații nutriționale:</u>Calorii 144 mg Grasimi totale: 39 g Carbohidrati: 68 g Proteine: 59 g Zahar: 8 g Fibre 17 g Sodiu: 756 mg Colesterol: 144 mg

Pâine prăjită Avo cu ouă: 3

Timp de preparare: 0 minute

Ingrediente:

1½ linguriță ghee

1 felie de pâine, fără gluten și prăjită

½ avocado, feliat subțire

O mână de spanac

1 ou omletă sau poșat

Un strop de fulgi de ardei roșu

Directii:

1. Întindeți ghee-ul peste pâinea prăjită. Acoperiți cu feliile de avocado și frunzele de spanac. Pune deasupra un ou omletă sau poșat. Terminați garnitura cu o stropire de fulgi de ardei roșu.

Informații nutriționale: Calorii 540 Grăsimi: 18 g Proteine: 27 g Sodiu: 25 mg Carbohidrați totali: 73,5 g Fibre alimentare: 6 g

Porții de ovăz de migdale: 2

Timp de preparare: 0 minute

Ingrediente:

1 cană de ovăz de modă veche

½ cană lapte de cocos

1 lingura sirop de artar

¼ cană afine

3 linguri migdale tocate

Directii:

1. Într-un castron, amestecați ovăzul cu laptele de cocos, siropul de arțar și migdalele. Acoperiți și lăsați să stea peste noapte. Serviți a doua zi.

2. Bucură-te!

Informații nutriționale:calorii 255, grăsimi 9, fibre 6, carbohidrați 39, proteine 7

Clătite Choco-nana Porții: 2

Timp de preparare: 6 minute

Ingrediente:

2 banane mari, curatate de coaja si piure

2 ouă mari, crescute la pășune

3 linguri pudra de cacao

2 linguri de unt de migdale

1 lingurita extract pur de vanilie

1/8 lingurita sare

Ulei de cocos pentru ungere

Directii:

1. Preîncălziți o tigaie la foc mediu-mic și ungeți tigaia cu ulei de cocos.

2. Puneți toate ingredientele într-un robot de bucătărie și amestecați până la omogenizare.

3. Turnați un aluat (aproximativ ¼ cană) pe tigaie și formați o clătită.

4. Gatiti 3 minute pe fiecare parte.

<u>Informații nutriționale:</u> Calorii 303 grăsimi totale 17 g grăsimi saturate 4 g carbohidrați total 36 g carbohidrați neți 29 g proteine 5 g zahăr: 15 g fibre: 5 g sodiu: 108 mg potasiu 549 mg

Batoane de ovăz cu cartofi dulci Porții: 6

Timp de preparare: 35 de minute

Ingrediente:

Cartofi dulci, fierți, piure – 1 cană

Lapte de migdale, neindulcit – 0,75 cană

Ou - 1

Pastă de curmale - 1,5 linguri

Extract de vanilie – 1,5 lingurițe

Bicarbonat de sodiu - 1 linguriță

Scorțișoară, măcinată – 1 linguriță

Cuișoare, măcinate – 0,25 linguriță

Nucșoară, măcinată – 0,5 linguriță

Ghimbir, măcinat – 0,5 linguriță

Seminte de in, macinate - 2 linguri

Proteine pudră – 1 porție

Făină de cocos – 0,25 cană

Făină de ovăz - 1 cană

Nucă de cocos uscată, neîndulcită – 0,25 cană

Nuci pecan, tocate – 0,25 cană

Directii:

1. Încălzește cuptorul la 375 de grade Fahrenheit și tapetează o tavă pătrată de 8 pe 8 inci cu pergament de bucătărie. Vrei să lași niște hârtie de pergament atârnând peste părțile laterale ale tavii pentru a le ridica odată ce batoanele s-au copt.

2. În blenderul de stand, adăugați toate ingredientele pentru batoanele de ovăz cu cartofi dulci, cu excepția nucii de cocos uscate și a nucilor pecan tocate.

Lăsați amestecul să bată câteva momente până când amestecul este omogen și apoi opriți blenderul. Poate fi necesar să răzuiți părțile laterale ale blenderului și apoi să amestecați din nou.

3. Turnați nuca de cocos și nucile pecan în aluat și apoi amestecați-le cu o spatulă. Nu amestecați din nou amestecul, deoarece nu doriți ca aceste bucăți să fie amestecate. Turnați amestecul de batoane de ovăz cu cartofi dulci în tigaia pregătită și întindeți-l.

4. Puneți vasul de ovăz cu cartofi dulci în mijlocul cuptorului și lăsați-l să se coacă până când batoanele sunt așezate, aproximativ douăzeci și două.

la douăzeci și cinci de minute. Scoateți tava din cuptor. Așezați un grătar de răcire lângă vasul de copt și apoi puneți ușor pergamentul de bucătărie de proeminentă și ridicați-l cu grijă din vas și pe grătar pentru a se răci. Lăsați batoanele de ovăz cu cartofi dulci să se răcească complet înainte de a le feli.

Porții de hash browns ușor de gătit: 3

Timp de preparare: 35 de minute

Ingrediente:

Hash browns mărunțit, congelat – 1 kilogram

Ouă - 2

Sare de mare - 0,5 linguriță

Pudră de usturoi - 0,5 linguriță

Pudră de ceapă - 0,5 linguriță

Piper negru, măcinat – 0,125 linguriță

Ulei de măsline extravirgin – 1 lingură

Directii:

1. Începeți prin a vă încălzi fierul de vafe.

2. Într-un castron de bucătărie, amestecați ouăle pentru a le descompune, apoi adăugați ingredientele rămase. Împăturiți-le pe toate până când cartoful este acoperit uniform de ou și condimente.

3. Ungeți fierul de vafe și întindeți pe el o treime din amestecul de hash brown. Închideți-l și lăsați cartofii să se gătească înăuntru până când devin

aurii, aproximativ douăsprezece până la cincisprezece minute. Odată jos, îndepărtați ușor hash brown folosind o furculiță și apoi continuați să gătiți încă o treime din amestec și apoi ultima treime.

4. Puteti pastra rumenele fierte la frigider si apoi le reincalziti in fierul de vafe sau la cuptor pentru a le face din nou crocante mai tarziu.

Frittata cu ciuperci sparanghel Porții: 1

Timp de gătit:

Ingrediente:

Ouă - 2

sulițe de sparanghel – 5

Apă - 1 lingură

Ulei de măsline extravirgin – 1 lingură

Ciuperci butonate, feliate – 3

Sare de mare – praf

Ceapa verde, tocata - 1

Brânză de capră, semi-moale – 2 linguri

Directii:

1. Încălziți cuptorul la setarea broilerului în timp ce vă pregătiți frittata. Pregătiți-vă legumele, aruncând capătul dur de pe sulițele de sparanghel și apoi tăind sulițele în bucăți mici.

2. Ungeți o tigaie de șapte până la opt inci pentru cuptor și puneți-o la foc mediu. Adăugați ciupercile și lăsați-le să se sojească timp de două minute

înainte de a adăuga sparanghelul și a găti încă două minute. Odată ce s-au călit, distribuiți uniform legumele pe fundul cratiței.

3. Într-un vas mic de bucătărie, amestecați ouăle, apa și sarea de mare, apoi turnați-o peste legumele sotate. Peste frittata se presara ceapa verde tocata si branza de capra maruntita.

4. Lăsați tigaia să continue să gătească pe aragaz în acest fel, fără a fi deranjate, până când omletă de la frittata încep să se întărească pe margini și se smulg de pe părțile laterale ale cratiței. Ridicați cu grijă tigaia și întoarceți-o cu mișcări circulare ușoare, astfel încât oul să se gătească uniform.

5. Transferați frittata la cuptor, gătind sub boiler până când oul este complet fiert, încă două-trei minute. Urmăriți cu atenție oul pentru frittata, ca să nu se gătească prea mult. Scoateți-o din cuptor imediat ce este gata, transferați frittata într-o farfurie și savurați-o cât timp este fierbinte.

Caserolă de pâine prăjită cu aragaz lent Porții: 9

Timp de preparare: 4 ore

Ingrediente:

2 oua

2 albusuri

1 ½ lapte de migdale sau 1% lapte

2 linguri de miere crudă

1/2 lingurita scortisoara

1 lingurita extract de vanilie

9 felii de pâine

Pentru umplere:

3 cani de mere (tacate cubulete)

2 linguri de miere crudă

1 lingura suc de lamaie

1/2 lingurita scortisoara

1/3 cană de nuci pecan

Directii:

1. Pune primele șase articole într-un castron și amestecă.

2. Ungeți aragazul lent cu un spray de gătit antiaderent.

3. Combinați toate ingredientele umpluturii într-un castron mic și lăsați deoparte. Acoperiți în mod corespunzător bucățile de mere în umplutură.

4. Tăiați felii de pâine în jumătate (triunghi), apoi puneți trei felii de mere pe fund și niște pilitură peste. Stratificati feliile de paine si umplutura dupa acelasi model.

5. Pune aluatul cu ou pe straturile de paine si umplutura.

6. Setați aragazul la foc mare timp de 2 ore și jumătate sau foc mic timp de 4 ore.

Informații nutriționale:Calorii 227 Grăsimi totale: 7 g Carbohidrați: 34 g Proteine: 9 g Zahar: 19 g Fibre 4 g Sodiu: 187 mg

Porții de curcan cu cimbru și salvie: 4

Timp de preparare: 25 de minute

Ingrediente:

1-lb curcan măcinat

½ linguriță scorțișoară

½ linguriță pudră de usturoi

1 lingurita rozmarin proaspat

1 linguriță de cimbru proaspăt

1 lingurita sare de mare

2 linguri de salvie proaspata

2 linguri ulei de cocos

Directii:

1. Amestecați toate ingredientele, cu excepția uleiului, într-un bol de mixare.

Dați la frigider peste noapte sau timp de 30 de minute.

2. Turnați uleiul în amestec. Formați amestecul în patru chifle.

3. Într-o tigaie unsă ușor, pusă la foc mediu, gătiți chiftelele 5 minute pe fiecare parte, sau până când porțiunile din mijloc nu mai sunt roz. Le puteți găti și coaceți în cuptor pentru 25

minute la 400°F.

<u>Informații nutriționale:</u>Calorii 284 Grăsimi: 9,4 g Proteine: 14,2 g Sodiu: 290 mg Carbohidrați totali: 36,9 g Fibre alimentare: 0,7 g

Smoothie cu cireșe și spanac Porții: 1

Timp de preparare: 0 minute

Ingrediente:

1 cană chefir simplu

1 cană cireșe congelate, fără sâmburi

½ cană frunze de spanac baby

¼ cană piure de avocado copt

1 lingura unt de migdale

1 bucată de ghimbir decojit (1/2 inch)

1 lingurita de seminte de chia

Directii:

1. Pune toate ingredientele într-un blender. Pulsați până la omogenizare.

2. Lăsați să se răcească în frigider înainte de servire.

Informații nutriționale:Calorii 410 grăsimi totale 20 g carbohidrați 47 g carbohidrați neți 37 g proteine 17 g zahăr 33 g fibre: 10 g sodiu: 169 mg

Cartofi pentru micul dejun Porții: 2

Timp de preparare: 15 minute

Ingrediente:

5 cartofi, tăiați cubulețe

1 lingura ulei

½ linguriță de usturoi pudră

¼ lingurita de piper

½ lingurita boia afumata

Directii:

1. Preîncălziți friteuza cu aer la 400 de grade F timp de 5 minute.

2. Aruncă cartofii în ulei.

3. Asezonați cu pudră de usturoi, piper și boia.

4. Adăugați cartofii în coșul de friteuză cu aer.

5. Gatiti in friteuza cu aer timp de 15 minute.

Porții de fulgi de ovăz cu banane instant: 1

Ingrediente:

1 piure de banană coaptă

½ c. apă

½ c. Ovaz rapid

Directii:

1. Măsurați ovăzul și apa într-un castron sigur pentru cuptorul cu microunde și amestecați pentru a se combina.

2. Pune vasul la cuptorul cu microunde și se încălzește la foc mare timp de 2 minute.

3. Scoateți vasul din cuptorul cu microunde și adăugați piureul de banană și savurați-l.

Informații nutriționale:Calorii: 243, grăsimi: 3 g, carbohidrați: 50 g, proteine: 6 g, zaharuri: 20 g, sodiu: 30 mg

Smoothie cu unt de migdale și banane Porții: 1

Ingrediente:

1 lingura. unt de migdale

½ c. cuburi de gheata

½ c. spanac ambalat

1 banană medie decojită și congelată

1 c. lapte fără grăsimi

Directii:

1. Într-un blender puternic, amestecați toate ingredientele până când sunt omogene și cremoase.

2. Serviți și savurați.

Informații nutriționale:Calorii: 293, Grăsimi: 9,8 g, Carbohidrați: 42,5 g, Proteine: 13,5

g, zaharuri: 12 g, sodiu: 111 mg

Batoane energetice cu ciocolată Chia fără coacere Porții: 14

Timp de preparare: 0 minute

Ingrediente:

1 ½ cani ambalate, curmale fără sâmburi

1/cană nucă de cocos mărunțită neîndulcită

1 cană bucăți de nucă crudă

1/4 cană (35 g) pudră de cacao naturală

1/2 cană (75 g) semințe de chia întregi

1/2 cană (70 g) ciocolată neagră tocată

1/2 cană (50 g) de ovăz

1 linguriță extract pur de vanilie, opțional, îmbunătățește aroma 1/4 linguriță sare de mare nerafinată

Directii:

1. Trimiteți curmalele într-un blender până se formează o pastă groasă.

2. Adăugați nucile și amestecați pentru a amesteca.

3. Puneți restul de fixare și amestecați până se formează un aluat gros.

4. Tapetați o tavă dreptunghiulară tapetată cu hârtie de copt. Așezați amestecul strâns în tigaie și puneți-o drept în toate colțurile.

5. Dați la congelator până la miezul nopții, pentru cel puțin câteva ore.

6. Ridicați din tigaie și tăiați în 14 fâșii.

7. Puneți la frigider sau într-un recipient ermetic.

Informații nutriționale:Zahăr 17 g Grăsimi: 12 g Calorii: 234 Carbohidrați: 28 g Proteine: 4,5 g

Bol pentru mic dejun cu fructe de in Porții: 1

Timp de gătire: 5 minute

Ingrediente:

Pentru terci:

¼ de cană de semințe de in, proaspăt măcinate

¼ linguriță de scorțișoară, măcinată

1 cană de lapte de migdale sau de cocos

1 banană medie, piure

Un praf de sare de mare cu granulație fină

Pentru toppinguri:

Afine, proaspete sau decongelate

Nuci, tocate crude

Sirop de arțar pur (opțional)

Directii:

1. Într-o cratiță de mărime medie pusă la foc mediu, combinați toate ingredientele terciului. Amestecați constant timp de 5 minute sau până când terciul se îngroașă și ajunge la fierbere scăzut.

2. Transferați terciul fiert într-un bol de servire. Ornați cu toppinguri și turnați puțin sirop de arțar dacă doriți să fie puțin mai dulce.

Informații nutriționale:Calorii 780 Grăsimi: 26 g Proteine: 39 g Sodiu: 270 mg Carbohidrați totali: 117,5 g

Mic dejun Fulgi de ovăz în porții de aragaz lentă: 8

Ingrediente:

4 c. lapte de migdale

2 pachete stevia

2 c. ovăz tăiat din oțel

1/3 c. caise uscate tocate

4 c. apă

1/3 c. cirese uscate

1 lingura scorţişoară

1/3 c. stafide

Directii:

1. Într-un aragaz lent, amestecați bine toate ingredientele.

2. Acoperiți și setați la minim.

3. Gatiti 8 ore.

4. Puteți seta acest lucru cu o seară înainte, astfel încât până dimineața să aveți micul dejun gata.

Informații nutriționale:Calorii: 158,5, Grăsimi: 2,9 g, Carbohidrați: 28,3 g, Proteine: 4,8

g, zaharuri: 11 g, sodiu: 135 mg

Porții de pâine Pumpernickel: 12

Timp de gătire: 2 ore, 30 de minute

Ingrediente:

făină Pumpernickel – 3 căni

Făină integrală - 1 cană

Făină de porumb - 0,5 cană

Pudră de cacao - 1 lingură

Drojdie uscată activă - 1 lingură

Seminte de chimen – 2 lingurite

Sare de mare - 1,5 lingurițe

Apă, caldă – 1,5 căni, împărțite

Pastă de curmale – 0,25 cană, împărțită

Ulei de avocado - 1 lingura

Cartofi dulci, piure – 1 cană

Spălare de ou – 1 albuș + 1 lingură apă

Directii:

1. Pregătiți o tavă de pâine de nouă pe cinci inci căptușind-o cu pergament de bucătărie și apoi ungând-o ușor.

2. Într-o cratiță, combinați o cană de apă împreună cu făina de porumb până devine fierbinte și groasă, aproximativ cinci minute. Asigurați-vă că continuați să amestecați în timp ce se încălzește pentru a preveni formarea cocoloașei. Odată ce este groasă, scoateți tigaia de pe foc și adăugați pasta de curmale, pudra de cacao, semințele de chimen și uleiul de avocado. Dați tava deoparte până când conținutul se răcește la călduț.

3. Adăugați o jumătate de cană rămasă de apă caldă într-un vas mare de bucătărie împreună cu drojdia, amestecând-o până când drojdia s-a dizolvat. Lăsați acest amestec pentru pâinea pumpernickel să stea aproximativ zece minute până când a înflorit și a format bule umflate.

Cel mai bine se face acest lucru într-un loc cald.

4. După ce drojdia a înflorit, adăugați amestecul de apă călduță din făină de porumb în vasul de amestecare, împreună cu piureul de cartofi dulci.

Odată ce lichidele și cartofii s-au combinat, amestecați făina integrală de grâu și pumpernickel. Frământați amestecul timp de zece minute, de preferință cu un mixer și cârlig pentru aluat. Aluatul este gata

când formează o minge închegată care este netedă și se trage departe de marginile vasului de amestecare.

5. Scoateți cârligul de aluat și acoperiți vasul de amestecare cu plastic de bucătărie sau un prosop de bucătărie umed. Așezați vasul de bucătărie într-un loc cald pentru a crește până când aluatul își dublează volumul - aproximativ o oră.

6. Încălzește cuptorul la 375 de grade Fahrenheit în pregătirea pentru pâine.

7. Modelați aluatul într-o formă frumoasă de buștean și puneți-l în tava pregătită. Bateți spălarea cu ouă și apoi folosiți o perie de patiserie pentru a o unge ușor peste pâinea pregătită. Dacă doriți, utilizați un cuțit ascuțit pentru a marca pâinea pentru un design decorativ.

8. Puneți pâinea în mijlocul cuptorului încins și lăsați-o să se coacă până când capătă o culoare închisă superbă și când bateți, produce un sunet ca de gol - aproximativ o oră. Scoateți pâinea pumpernickel din cuptor și lăsați-o să se răcească în tavă timp de cinci minute înainte de a scoate pâinea pumpernickel din tavă și transferați pâinea pe un grătar pentru a continua răcirea. Nu feliați pâinea până nu se răcește complet.

Porții de budincă de chia cu nucă de cocos și zmeură: 4

Timp de preparare: 0 minute

Ingrediente:

¼ cană semințe de chia

½ lingurita stevia

1 cana lapte de cocos, neindulcit, gras

2 linguri migdale

¼ cană zmeură

Directii:

1. Luați un castron mare, adăugați în el semințele de chia împreună cu stevia și laptele de cocos, amestecați până se amestecă și dați la frigider peste noapte până se îngroașă.

2. Scoateți budinca din frigider, puneți deasupra migdalelor și fructelor de pădure și apoi serviți.

Informații nutriționale:Calorii 158, grăsimi totale 14,1 g, carbohidrați 6,5 g, proteine 2 g, zahăr 3,6 g, sodiu 16 mg

Porții de salată pentru micul dejun de weekend: 4

Timp de preparare: 0 minute

Ingrediente:

Ouă, patru fierte tari

Lămâie, una

Rucola, zece căni

Quinoa, o cană gătită și răcită

Ulei de măsline, două linguri

Mărar, tocat, o jumătate de cană

Migdale, tocate, o cană

Avocado, o felie mare subțire

Castraveți, tocat, o jumătate de cană

Roșie, o tăietură mare în felii

Directii:

1. Amestecați quinoa, castraveții, roșiile și rucola. Se amestecă ușor aceste ingrediente cu ulei de măsline, sare și piper. Transferați și aranjați deasupra oul și avocado. Acoperiți fiecare salată cu migdale și ierburi. Stropiți cu zeama de la lămâie.

Informații nutriționale:Calorii 336 grăsimi 7,7 grame proteine 12,3 grame carbohidrați 54,6 grame zahăr 5,5 grame fibre 5,2 grame

Orez vegetarian delicios cu brânză, cu broccoli și conopidă

Porții: 2

Timp de gătire: 7 minute

Ingrediente:

½ cană buchete de broccoli, orez

1½ cani buchetele de conopida, orez

¼ linguriță de usturoi pudră

¼ lingurita sare

¼ lingurita piper negru crapat

1/8 lingurita nucsoara macinata

½ lingurita de unt nesarat

1/8 cană brânză mascarpone

¼ cană brânză cheddar mărunțită

Directii:

1. Luați un castron mediu rezistent la căldură, adăugați toate ingredientele în el, cu excepția mascarpone și brânza cheddar, și amestecați până se amestecă.

2. Pune vasul la cuptorul cu microunde, pune la microunde la foc mare timp de 5 minute, apoi adaugă brânza și continuă gătirea timp de 2 minute.

3. Adăugați brânza mascarpone în bol, amestecați până se omogenizează și devine cremoasă și serviți imediat.

Informații nutriționale:Calorii 138, grăsimi totale 9,8 g, carbohidrați 6,6 g, proteine 7,5 g, zahăr 2,4 g, sodiu 442 mg

Porții de pâine prăjită mediteraneană: 2

Ingrediente:

1 ½ linguriță. feta mărunțită cu conținut redus de grăsime

3 măsline grecești feliate

¼ piure de avocado

1 felie pâine integrală bună

1 lingura. hummus cu ardei roșu prăjit

3 rosii cherry feliate

1 ou fiert tare felii

Directii:

1. În primul rând, prăjiți pâinea și acoperiți-o cu ¼ de piure de avocado și 1 lingura de hummus.

2. Adăugați roșiile cherry, măslinele, oul fiert și feta.

3. După gust, asezonați cu sare și piper.

Informații nutriționale:Calorii: 333,7, Grăsimi: 17 g, Carbohidrați: 33,3 g, Proteine: 16,3

g, zaharuri: 1 g, sodiu: 700 mg

Salată de mic dejun cu cartofi dulci Porții: 2

Timp de preparare: 0 minute

Ingrediente:

1 lingură pudră proteică

¼ cană afine

¼ cană zmeură

1 banană, decojită

1 cartof dulce, copt, curățat și tăiat cubulețe

Directii:

1. Pune cartoful într-un castron și zdrobește-l cu o furculiță. Adăugați banana și pudra de proteine și amestecați totul bine. Adăugați fructele de pădure, amestecați și serviți rece.

2. Bucură-te!

Informații nutriționale:calorii 181, grăsimi 1, fibre 6, carbohidrați 8, proteine 11

Cupe de mic dejun hash maro porții: 8

Ingrediente:

40 g ceapa taiata cubulete

8 ouă mari

7 ½ g pudră de usturoi

2 ½ g piper

170 g brânză măruntită cu conținut scăzut de grăsimi

170 g cartofi dulci rasi

2 ½ g sare

Directii:

1. Preîncălziți cuptorul la 400 0F și pregătiți o tavă de brioșe cu căptușeală.

2. Puneți cartofii dulci ras, ceapa, usturoiul și condimentele într-un castron și amestecați bine, înainte de a pune câte o lingură în fiecare cană. Adăugați un ou mare pe fiecare ceașcă și continuați să coaceți timp de 15 minute până când ouăle sunt fierte.

3. Serviți proaspăt sau păstrați.

Informații nutriționale: Calorii: 143, grăsimi: 9,1 g, carbohidrați: 6 g, proteine: 9 g, zaharuri: 0 g, sodiu: 290 mg

Omletă cu ciuperci cu spanac Porții: 2

Ingrediente:

2 linguri. Ulei de masline

2 oua intregi

3 c. spanac, proaspăt

Spray de gatit

10 ciuperci Baby Bella feliate

8 linguri. Ceapa rosie taiata felii

4 albusuri

2 oz. brânză de capră

Directii:

1. Pune o tigaie la foc mediu-mare și adaugă măsline.

2. Adăugați ceapa roșie feliată în tigaie și amestecați până devine translucid.

Apoi, adăugați ciupercile în tigaie și continuați să amestecați până când devin ușor maronii.

3. Adauga spanacul si amesteca pana se ofilesc. Asezonați cu puțin piper și sare. Se ia de pe foc.

4. Pulverizați o tigaie mică cu spray de gătit și puneți la foc mediu.

5. Spargeți 2 ouă întregi într-un castron mic. Adăugați 4 albușuri și bateți pentru a se combina.

6. Turnați ouăle batute în tigaia mică și lăsați amestecul să stea un minut.

7. Folosiți o spatulă pentru a vă deplasa ușor pe marginile tigaii.

Ridicați tigaia și răsturnați-o în jos și de jur împrejur într-un stil circular pentru a permite ouălor curgătoare să ajungă în centru și să se gătească pe marginile tigaiei.

8. Adaugă brânză de capră mărunțită pe o parte a blatului de omletă cu amestecul tău de ciuperci.

9. Apoi, îndoiți ușor cealaltă parte a omletei peste partea cu ciuperci cu spatula.

10. Permiteți gătirea timp de treizeci de secunde. Apoi, transferați omleta pe o farfurie.

<u>Informații nutriționale:</u>Calorii: 412, grăsimi: 29 g, carbohidrați: 18 g, proteine: 25 g, zaharuri: 7 g, sodiu: 1000 mg

Wraps cu salată verde cu pui și legume Porții: 2

Timp de preparare: 15 minute

Ingrediente:

½ lingurita de unt nesarat

¼ lb pui măcinat

1/8 cană dovlecel, tocat

¼ ardei gras verde, fara samburi si tocat

1/8 cană dovleac galben, tocat

¼ de ceapă medie, tocată

½ lingurita usturoi tocat

Piper negru proaspăt spart, după gust

¼ linguriță pudră de curry

½ lingurita sos de soia

2 frunze mari de salata verde

½ cană parmezan ras

Directii:

1. Luați o tigaie, puneți-o la foc mediu, adăugați în ea untul și puiul, fărâmițați-o și gătiți aproximativ 5 minute până când puiul nu mai este roz.

2. Apoi adăugați dovleceii, ardeiul gras, dovleceii, ceapa și usturoiul în tigaie, amestecați până se amestecă și gătiți timp de 5 minute.

3. Se condimentează apoi cu piper negru și pudră de curry, se stropește cu sos de soia, se amestecă bine și se continuă fierberea timp de 5 minute, se lasă deoparte până la nevoie.

4. Asamblați wrapurile și pentru aceasta, împărțiți uniform amestecul de pui deasupra fiecărei frunze de salată verde, apoi acoperiți cu brânză și serviți.

5. Pentru pregătirea mesei, puneți amestecul de pui într-un recipient ermetic și la frigider pentru până la două zile.

6. Când este gata de mâncat, reîncălziți amestecul de pui în cuptorul cu microunde până când este fierbinte, apoi adăugați-l pe frunze de salată verde și serviți.

<u>Informații nutriționale:</u>Calorii 71, grăsimi totale 6,7 g, carbohidrați 4,2 g, proteine 4,8 g, zahăr 30,5 g, sodiu 142 mg

Bol cu banane cremoase cu scorțișoară Porții: 1

Timp de preparare: 3 minute

Ingrediente:

1 banană mare, coaptă

¼ linguriță de scorțișoară, măcinată

Un praf de sare de mare celtică

2 linguri de unt de cocos, topit

Toppinguri la alegere: fructe, semințe sau nuci<u>Directii:</u>

1. Se zdrobește banana într-un castron. Adăugați scorțișoara și sarea de mare celtică. Pus deoparte.

2. Se incinge untul de cocos intr-o cratita pusa la foc mic.

Pune untul cald în amestecul de banane.

3. Pentru a servi, acoperiți cu fructele, semințele sau nucile preferate.

<u>Informații nutriționale:</u>Calorii 564 Grăsimi: 18,8 g Proteine: 28,2 g Sodiu: 230 mg Carbohidrați totali: 58,2 g Fibre alimentare: 15,9 g

Cereale bune cu merisoare si scortisoara portii: 2

Timp de preparare: 35 de minute

Ingrediente:

1 cană de cereale (la alegere de amarant, hrișcă sau quinoa) 2½ căni de apă de cocos sau lapte de migdale

1 baton de scortisoara

2 buc. cuișoare întregi

1 pastaie de anason stelat (optional)

Fructe proaspete: mere, mure, merisoare, pere sau curki

sirop de arțar (opțional)

Directii:

1. Aduceți cerealele, apa de cocos și condimentele la fiert într-o cratiță. Acoperiți, apoi reduceți focul la mediu-mic. Se fierbe în 25 de minute.

2. Pentru a servi, aruncați condimentele și acoperiți cu felii de fructe. Dacă doriți, stropiți cu sirop de arțar.

Informații nutriționale: Calorii 628 Grăsimi: 20,9 g Proteine: 31,4 g Sodiu: 96 mg Carbohidrați totali: 112,3 g Fibre alimentare: 33,8 g

Porții de omletă pentru micul dejun: 2

Timp de preparare: 10 minute

Ingrediente:

2 oua, batute

1 tulpină de ceapă verde, tocată

½ cană ciuperci, feliate

1 ardei gras rosu, taiat cubulete

1 lingurita condiment cu ierburi

Directii:

1. Bate ouăle într-un castron. Se amestecă restul ingredientelor.

2. Turnați amestecul de ouă într-o tavă mică de copt. Adăugați tigaia în coșul pentru friteuză.

3. Gătiți în coșul de friteuză la 350 de grade F timp de 10 minute.

Informații nutriționale:Calorii 210 Carbohidrați: 5 g Grăsimi: 14 g Proteine: 15 g

Porții de pâine sandwich din grâu integral: 12

Timp de gătire: 3 ore, 20 de minute

Ingrediente:

Făină albă integrală – 3,5 căni

Ulei de măsline extravirgin – 0,25 cană

Pastă de curmale – 0,25 cană

Lapte la alegere, cald – 1.125 cană

Sare de mare – 1,25 linguriță

Drojdie uscată activă - 2,5 lingurițe

Directii:

1. Pregătiți o tavă de pâine de nouă pe cinci inci căptușind-o cu pergament de bucătărie și apoi ungând-o ușor.

2. Într-un vas mare de bucătărie, amestecați toate ingredientele cu o spatulă. Odată combinat, lăsați conținutul să se odihnească timp de treizeci de minute.

3. Începeți să vă frământați aluatul până devine moale, elastic și flexibil—

aproximativ șapte minute. Puteți face această frământare manuală, dar cea mai ușoară metodă este folosirea unui mixer și a unui cârlig pentru aluat.

4. Cu aluatul frământat în vasul de amestec folosit anterior, acoperiți vasul de amestecare cu plastic de bucătărie sau un prosop de bucătărie curat umed într-un loc cald, pentru a crește până când își dublează volumul, aproximativ o oră sau două.

5. Îndepărtați ușor aluatul și modelați-l într-un buștean frumos înainte de a-l pune în tava pregătită. Acoperiți tava cu plasticul sau prosopul folosit anterior și lăsați-o să crească în spațiul cald până își dublează volumul, încă o oră sau două.

6. Când pâinea este aproape gata de crescut, încălziți cuptorul la 350 de grade Fahrenheit.

7. Îndepărtați învelișul de pe pâinea dumneavoastră crescută și puneți pâinea în mijlocul cuptorului încins. Așezați cu grijă folie de aluminiu peste pâine, fără a o dezumfla, pentru a nu se rumeni prea repede. Lăsați pâinea să se gătească în acest fel timp de treizeci și cinci până la patruzeci de minute înainte de a îndepărta folia și a continua să coaceți pâinea timp de douăzeci de minute. Pâinea este gata când este de o culoare aurie superbă și sună goală când bateți în ea.

8. Lăsați pâinea de tip sandwich din grâu să se răcească în tigaie timp de cinci minute înainte de a o scoate de pe metal și de a o transfera pe un grătar pentru a termina de răcit. Lăsați pâinea să se răcească complet înainte de a o feli.

Gyros de pui mărunțit

Ingrediente:

2 cepe medii, despicate

6 catei de usturoi, tocati

1 lingurita aroma de lamaie-piper

1 lingurita oregano uscat

1/2 linguriță ienibahar măcinat

1/2 cană apă

1/2 cană suc de lămâie

1/4 cană oțet de vin roșu

2 linguri ulei de masline

2 kilograme de sâni de pui dezosați și fără piele

8 pâini pita întregi

Fixări discreționare: sos tzatziki, romaine rupte și roșii tăiate, castraveți și ceapă

Directii:

1. Într-un 3-qt. slow cooker, consolidați inițiale 9 fixări; includ pui. Gătiți, în siguranță, la foc mic timp de 3-4 ore sau până când puiul este delicat (termometrul trebuie examinat la 165°).

2. Expulzați puiul din aragazul moderat. Maruntiti cu 2 furculite; reveniți la aragazul lent. Folosind clești, puneți amestecul de pui pe pâine pita. Prezentati cu garnituri.

Supă de cartofi dulci Porții: 6

Timp de preparare: 15 minute

Ingrediente:

2 linguri de ulei de măsline

1 ceapa medie, tocata

1 conserve de ardei iute verzi

1 lingurita de chimen macinat

1 lingurita de ghimbir macinat

1 lingurita de sare de mare

4 căni de cartofi dulci, decojiți și tocați 4 căni de bulion de legume organic, cu conținut scăzut de sodiu 2 linguri de coriandru proaspăt, tocat

6 linguri de iaurt grecesc

Directii:

1. Încălziți uleiul de măsline la foc mediu într-o oală mare de supă. Adaugati ceapa si caliti pana se inmoaie. Adăugați ardei iute verzi și condimente și gătiți timp de 2 minute.

2. Amestecați cartofii dulci și bulionul de legume și aduceți la fiert.

3. Se fierbe în 15 minute.

4. Se amestecă coriandru tocat.

5. Mixați jumătate din supă până se omogenizează. Se pune inapoi in oala cu supa ramasa.

6. Condimentați cu sare de mare suplimentară, dacă doriți, și acoperiți cu o praf de iaurt grecesc.

Informații nutriționale: Carbohidrați totale 33 g Fibre dietetice: 5 g Proteine: 6 g Grăsimi totale: 5 g Calorii: 192

Boluri cu burrito cu quinoa Ingrediente:

1 formula Cilantro Lime Quinoa

Pentru fasolea neagră:

1 cutie de fasole neagra

1 lingurita chimen macinat

1 lingurita oregano uscat

Sarat la gust

Pentru roșiile cherry pico de gallo:

1 roșii cherry sau struguri uscate de 16 uncii, tăiate în sferturi 1/2 cană ceapă roșie tăiată cubulețe

1 lingura de ardei jalapeno tocat, (coste si seminte eliminate, ori de cate ori se doreste)

1/2 cană de coriandru crocant despicat

2 linguri suc de lamaie

Sarat la gust

Pentru fixari:

taiati jalapenos curati

1 avocado, taiat cubulete

Directii:

1. Preparați Quinoa Cilantro Lime și păstrați-l la cald.

2. Într-un recipient mic pentru sos, unește fasolea închisă la culoare și fluidul lor cu chimenul și oregano la căldură medie. Se amestecă periodic până când fasolea este fierbinte. Gustați și includeți sare, oricând doriți.

3. Consolidați elementele pentru roșia cherry pico de gallo într-un castron și aruncați bine.

4. Pentru a aduna bolurile de burrito, împărțiți Quinoa cu Cilantro Lime în patru feluri de mâncare. Includeți o pătrime din fasolea închisă la fiecare. Acoperiți cu roșii cherry pico de gallo, jalapenos murați tăiați și avocado.

A aprecia!

5. Notă:

6. Întreaga componente ale acestor preparate pot fi făcute devreme și adunate atunci când sunt pregătite pentru a mânca. Puteți fie să încălziți quinoa și fasolea, fie să le apreciați la temperatura camerei. Îmi place să provoc segmentele la sfârșitul săptămânii, astfel încât să pot aprecia bolurile cu burrito cu Quinoa la prânz în timpul săptămânii.

Broccolini cu migdale Porții: 6

Timp de gătire: 5 minute

Ingrediente:

1 ardei iute roșu proaspăt, fără semințe și tocat mărunt 2 legături de broccolini, tăiate

1 lingura ulei de masline extravirgin

2 catei de usturoi, feliati subtiri

1/4 cana migdale naturale, tocate grosier

2 lingurite coaja de lamaie, rasa fin

4 hamsii in ulei, tocate

Un strop de suc proaspăt de lămâie

Directii:

1. Preîncălziți puțin ulei într-o tigaie. Adaugati 2 lingurite de coaja de lamaie, hamsii scurse, chili tocat marunt si manusi taiate felii subtiri.

Gatiti aproximativ 30 de secunde, amestecand constant.

2. Adăugați 1/4 cană de migdale tocate grosier și gătiți timp de un minut.

Opriti focul si adaugati deasupra zeama de lamaie.

3. Puneți coșul pentru aburi peste o tigaie cu apă clocotită. Adăugați broccolini într-un coș și acoperiți-l.

4. Gatiti pana devine fraged-crocant, aproximativ 3-4 minute. Scurgeți și apoi transferați pe platoul de servire.

5. Acoperiți cu amestec de migdale și bucurați-vă!

Informații nutriționale:414 calorii 6,6 g grăsimi 1,6 g carbohidrați totali 5,4 g proteine

Ingrediente pentru vas de quinoa:

1/2 cană quinoa, uscată

2 linguri de ulei de avocado sau de cocos

2 catei de usturoi, zdrobiti

1/2 cană de porumb, conservat sau solidificat

3 ardei uriași, sparți

1/2 ardei jalapeño mediu, fără semințe și tocat 1 lingură de chimion

Recipient de 15 oz de fasole neagră, spălată și epuizată 1 cană de coriandru, tăiată fin și împărțită 1/2 cană ceapă verde, tăiată fin și împărțită 2 căni de cheddar Tex Mex, distrus și separat 3/4 cană de lapte de cocos conservat

1/4 lingurita sare

Directii:

1. Gătiți quinoa conform instrucțiunilor pachetului și puneți-o într-un loc sigur. Preîncălziți broilerul la 350 de grade F.

2. Preîncălziți o tigaie uriașă antiaderentă de lut la căldură medie și învârtiți uleiul pentru a acoperi. Includeți usturoiul și gătiți timp de 30 de secunde, amestecând în mod obișnuit. Includeți porumb, ardei chime, jalapenos și

chimen. Se amestecă și se prăjește netulburat timp de 3 minute, se amestecă din nou și se călește încă 3 minute.

3. Treceți într-un castron uriaș de amestecare alături de quinoa fiartă, fasole întunecată, 3/4 cană coriandru, 1/4 cană ceapă verde, 1/2 cană cheddar, lapte de cocos și sare. Se amestecă bine, se trece la 8 x 11 vasul de pregătire, se presară cu 1/2 cană de cheddar rămas și se încălzește timp de 30 de minute.

4. Scoateți din broiler, stropiți cu 1/4 cană de coriandru rămas și 1/4 cană ceapă verde. Serviți cald

Porții de salată cu ouă Clean Eating: 2

Timp de preparare: 0 minute

Ingrediente:

6 ouă ecologice crescute la pășune, fierte tari

1 avocado

¼ cană de iaurt grecesc

2 linguri de maioneză cu ulei de măsline

1 lingurita de marar proaspat

Sare de mare dupa gust

Salată verde pentru servire

Directii:

1. Pasează ouăle fierte tari și avocado împreună.

2. Adăugați iaurtul grecesc, maioneza cu ulei de măsline și mărar proaspăt.

3. Asezonați cu sare de mare. Se serveste pe un pat de salata verde.

Informații nutriționale:Carbohidrați totale 18 g Fibre alimentare: 10 g Proteine: 23 g Grăsimi totale: 38 g Calorii: 486

Porții de chili cu fasole albă: 4

Timp de preparare: 20 de minute

Ingrediente:

¼ cană ulei de măsline extravirgin

2 cepe mici, tăiate cubulețe de ¼ inch

2 tulpini de telina, feliate subtiri

2 morcovi mici, decojiti si taiati felii subtiri

2 catei de usturoi, tocati

2 lingurite chimen macinat

1½ linguriță de oregano uscat

1 lingurita sare

¼ de lingurita piper negru proaspat macinat

3 căni de bulion de legume

1 conserve (15½ uncii) de fasole albă, scursă și clătită ¼ de pătrunjel proaspăt cu frunze plate tocat mărunt

2 lingurite coaja de lamaie rasa sau tocata

Directii:

1. Încălziți uleiul la foc mare într-un cuptor olandez.

2. Adăugați ceapa, țelina, morcovii și usturoiul și căleți până se înmoaie, 5 până la 8 minute.

3. Adăugați chimenul, oregano, sare și piper și prăjiți pentru a prăji condimentele, aproximativ 1 minut.

4. Se pune bulionul și se fierbe.

5. Fierbeți, adăugați fasolea și gătiți, parțial acoperit și amestecând ocazional, timp de 5 minute pentru a dezvolta aromele.

6. Amestecați pătrunjelul și coaja de lămâie și serviți.

Informații nutriționale:Calorii 300 Grăsimi totale: 15 g Carbohidrați totale: 32 g Zahăr: 4 g Fibre: 12 g Proteine: 12 g Sodiu: 1183 mg

Ton cu lămâie Porții: 4

Timp de preparare: 18 minute

Ingrediente:

4 fripturi de ton

1 lingura ulei de masline

½ lingurita boia afumata

¼ de linguriță boabe de piper negru, zdrobite

Suc de 1 lămâie

4 ceai, tocat

1 lingura arpagic, tocat

Directii:

1. Se încălzește o tigaie cu ulei la foc mediu-mare, se adaugă ceapa și se călesc timp de 2 minute.

2. Adăugați fripturile de ton și prăjiți-le 2 minute pe fiecare parte.

3. Adăugați ingredientele rămase, amestecați ușor, introduceți tava în cuptor și coaceți la 360 de grade F timp de 12 minute.

4. Împărțiți totul în farfurii și serviți la prânz.

Informații nutriționale: calorii 324, grăsimi 1, fibre 2, carbohidrați 17, proteine 22

Tilapia cu sparanghel și dovleac ghindă Porții: 4

Timp de gătire: 30 de minute

Ingrediente:

2 linguri ulei de masline extravirgin

1 dovleac ghindă mediu, fără semințe și feliat subțire sau în felii 1 kilogram de sparanghel, tăiat din capete lemnoase și tăiat în bucăți de 2 inci

1 șalotă mare, feliată subțire

File de tilapia de 1 kg

½ cană de vin alb

1 lingura de patrunjel proaspat tocat 1 lingurita de sare

¼ de lingurita piper negru proaspat macinat

Directii:

1. Preîncălziți cuptorul la 400°F. Ungeți tava de copt cu ulei.

2. Aranjați dovleceii, sparanghelul și șalota într-un singur strat pe tava de copt. Se prăjește în 8 până la 10 minute.

3. Pune tilapia, și adaugă vinul.

4. Stropiți cu pătrunjel, sare și piper.

5. Prăjiți în 15 minute. Scoateți, apoi lăsați să se odihnească 5 minute și serviți.

Informații nutriționale:Calorii 246 Grăsimi totale: 8 g Carbohidrați totale: 17 g Zahăr: 2 g Fibre: 4 g Proteine: 25 g Sodiu: 639 mg

Coaceți completarea de pui cu măsline, roșii și busuioc

Porții: 4

Timp de gătire: 45 de minute

Ingrediente:

8 Pulpe de pui

Roșii italiene mici

1 lingura piper negru si sare

1 lingura ulei de masline

15 frunze de busuioc (mari)

Măsline negre mici

1-2 fulgi de chili roșu proaspăt

Directii:

1. Marinați bucățile de pui cu toate condimentele și uleiul de măsline și lăsați-l ceva timp.

2. Asamblați bucățile de pui într-o tigaie cu margine, cu roșii, frunze de busuioc, măsline și fulgi de chili.

3. Coaceți acest pui într-un cuptor deja preîncălzit (la 220C) pentru 40 minute.

4. Coaceți până când puiul este fraged, roșiile, busuiocul și măslinele sunt fierte.

5. Ornează-l cu pătrunjel proaspăt și coajă de lămâie.

<u>Informații nutriționale:</u>Calorii 304 Carbohidrați: 18 g Grăsimi: 7 g Proteine: 41 g

Ratatouille Porții: 8

Timp de preparare: 25 de minute

Ingrediente:

1 dovlecel, mediu și tăiat cubulețe

3 linguri. Ulei de măsline extra virgin

2 ardei gras, tăiați cubulețe

1 dovleac galben, mediu și tăiat cubulețe

1 ceapă, mare și tăiată cubulețe

28 oz. Roșii întregi, decojite

1 vinete, mijlocie și tăiată cubulețe cu piele pe sare și piper, după cum este necesar

4 crengute de cimbru, proaspete

5 catei de usturoi, tocati

Directii:

1. Pentru început, încălziți o tigaie mare la foc mediu-înalt.

2. Odată fierbinte, puneți uleiul, ceapa și usturoiul cu lingura.

3. Sotește amestecul de ceapă timp de 3 până la 5 minute sau până se înmoaie.

4. Apoi, amestecați în tigaie vinetele, piperul, cimbru și sarea. Amesteca bine.

5. Acum, gătiți încă 5 minute sau până când vinetele se înmoaie.

6. Apoi, adăugați dovleceii, ardeii grasi și dovleceii în tigaie și continuați să gătiți încă 5 minute. Apoi, amestecați roșiile și amestecați bine.

7. Odată ce totul este adăugat, amestecați bine până când totul se îmbină. Se lasă să fiarbă 15 minute.

8. În cele din urmă, verificați condimentele și adăugați mai multă sare și piper dacă este necesar.

9. Se ornează cu pătrunjel și piper negru măcinat.

<u>Informații nutriționale:</u>Calorii: 103 KcalProteine: 2 g Carbohidrați: 12 g Grăsimi: 5 g

Porții de supă de chiftele de pui: 4

Timp de gătire: 30 de minute

Ingrediente:

2 kg piept de pui, fără piele, dezosat și tocat 2 linguri coriandru, tocat

2 oua, batute

1 cățel de usturoi, tocat

¼ cană ceapă verde, tocată

1 ceapa galbena, tocata

1 morcov, feliat

1 lingura ulei de masline

5 căni de supă de pui

1 lingura patrunjel, tocat

Un praf de sare si piper negru

Directii:

1. Într-un castron, combinați carnea cu ouăle și celelalte ingrediente, cu excepția uleiului, ceapa galbenă, bulionul și pătrunjelul, amestecați și modelați chiftele medii din acest amestec.

2. Se incinge o oala cu ulei la foc mediu, se adauga ceapa galbena si chiftelele si se rumenesc 5 minute.

3. Adăugați ingredientele rămase, amestecați, aduceți la fiert și fierbeți la foc mediu încă 25 de minute.

4. Puneti supa in boluri si serviti.

Informații nutriționale:calorii 200, grăsimi 2, fibre 2, carbohidrați 14, proteine 12

Salata de Varza Portocale Cu Vinaigreta Citrice

Porții: 8

Timp de preparare: 0 minute

Ingrediente:

1 lingurita coaja de portocala, rasa

2 linguri de bulion de legume, cu conținut redus de sodiu 1 linguriță de oțet de cidru

4 căni de varză roșie, mărunțită

1 lingurita suc de lamaie

1 bulb de fenicul, feliat subțire

1 lingurita otet balsamic

1 lingurita otet de zmeura

2 linguri de suc proaspăt de portocale

2 portocale, decojite, tăiate bucăți

1 lingura de miere

1/4 lingurita de sare

Piper proaspăt măcinat

4 lingurite de ulei de masline

Directii:

1. Pune într-un castron sucul de lămâie, coaja de portocale, oțetul de cidru, sare și piper, bulionul, uleiul, mierea, sucul de portocale, oțetul balsamic și zmeura.

2. Extrageți portocalele, feniculul și varza. Aruncă pentru a acoperi.

Informații nutriționale:Calorii 70 Carbohidrați: 14 g Grăsimi: 0 g Proteine: 1 g

Tempeh și rădăcină porții de copt: 4

Timp de gătire: 30 de minute

Ingrediente:

1 lingura ulei de masline extravirgin

1 cartof dulce mare, cubulete

2 morcovi, feliați subțiri

1 bulb de fenicul, tăiat și tăiat cubulețe de ¼ inch 2 lingurițe de ghimbir proaspăt tocat

1 cățel de usturoi, tocat

12 uncii de tempeh, tăiat în cubulețe de ½ inch

½ cană bulion de legume

1 lingură tamari fără gluten sau sos de soia 2 ceapă, feliate subțiri

Directii:

1. Preîncălziți cuptorul la 400°F. Ungeți o tavă de copt cu ulei.

2. Aranjați cartofii dulci, morcovii, feniculul, ghimbirul și usturoiul într-un singur strat pe tava de copt.

3. Coaceți până când legumele s-au înmuiat, aproximativ 15 minute.

4. Adăugați tempeh, bulion și tamari.

5. Coaceți din nou până când tempeh-ul se încălzește și se rumenește ușor timp de 10 până la 15 minute.

6. Adaugati ceapa, amestecati bine si serviti.

<u>Informații nutriționale:</u>Calorii 276 Grăsimi totale: 13 g Carbohidrați totale: 26 g Zahăr: 5 g Fibre: 4 g Proteine: 19 g Sodiu: 397 mg

Porții de supă verde: 2

Timp de gătire: 5 minute

Ingrediente:

1 cană de apă

1 cană de spanac, proaspăt și ambalat

½ din 1 Lămâie, curățată

1 dovlecel, mic și tocat

2 linguri. Pătrunjel, proaspăt și tocat

1 tulpină de țelină, tocată

Sare de mare și piper negru, după cum este necesar

½ din 1 avocado, copt

¼ cană Busuioc

2 linguri. Semințe chia

1 cățel de usturoi, tocat

Directii:

1. Pentru a face această supă ușor de amestecat, puneți toate ingredientele într-un blender de mare viteză și amestecați timp de 3 minute sau până la omogenizare.

2. În continuare, îl poți servi rece, sau îl poți încălzi la foc mic câteva minute.

Informații nutriționale:Calorii: 250 KcalProteine: 6,9 g Carbohidrați: 18,4 g Grăsimi: 18,1 g

Pizza cu pepperoni Ingrediente:

1 porție (1 kg) amestec de pâine solidificat, decongelat 2 ouă enorme, izolat

1 lingură cheddar parmezan măcinat

1 lingura ulei de masline

1 lingurita patrunjel tocat crocant

1 lingurita oregano uscat

1/2 lingurita praf de usturoi

1/4 lingurita piper

8 uncii pepperoni tăiați

2 căni de cheddar cu mozzarella parțial degresată 1 cutie (4 uncii) tulpini și bucăți de ciuperci, epuizate 1/4 până la 1/2 cană inele de ardei curat

1 ardei verde mediu, taiat cubulete

1 conserve (2-1/4 uncii) măsline tăiate gata

1 cutie (15 uncii) sos de pizza

Directii:

1. Preîncălziți aragazul la 350°. Pe o foaie de pregătire lubrifiată, transformați aluatul într-un aluat de 15x10 inci. formă pătrată. Într-un bol

mic, consolidează gălbenușurile de ou, cheddarul parmezan, uleiul, pătrunjelul, oregano, pudra de usturoi și piperul. Ungeți amestecul.

2. Se presara pepperoni, mozzarella cheddar, ciuperci, rondele de ardei, ardei verde si masline. Mișcă-te în sus, stil de mișcare de gem, începând cu o latură lungă; strângeți pliul pentru a sigila și îndoiți finisajele dedesubt.

3. Poziționați porțiunea cu partea cută în jos; ungeti cu albusuri.

Încercați să nu lăsați să se ridice. Pregătiți până când devine o culoare închisă strălucitoare și amestecul este gătit, 35-40 de minute. Se încălzește sosul de pizza; prezent cu porțiune tăiată.

4. Opțiunea de congelare: Congelați porția de pizza răcită fără felii în folie fără compromisuri. Pentru utilizare, scoateți din răcitor cu 30 de minute înainte de încălzire. Expulzați din porțiunea contracarată și caldă pe o foaie de preparare lubrifiată într-un broiler preîncălzit la 325° până când este încălzit. Completați conform coordonării.

Porții de gazpacho cu sfeclă: 4

Timp de preparare: 10 minute

Ingrediente:

1 × 20 oz. Cutie Great Northern Beans, clătită și scursă ¼ linguriță. Sare cușer

1 lingura. Ulei de măsline extra virgin

½ linguriță. Usturoi, proaspăt și tocat

1 × 6 oz. pungă Somon roz fulgi

2 linguri. Suc de lamaie, proaspat stors

4 Cepe verzi, feliate subțiri

½ linguriță. Piper negru

½ linguriță. Coaja de lamaie rasa

¼ cană pătrunjel cu frunze plate, proaspăt și tocat

Directii:

1. În primul rând, puneți coaja de lămâie, uleiul de măsline, sucul de lămâie, piper negru și usturoiul într-un bol de amestecare de mărime medie și amestecați-le cu o mustață.

2. Combinați fasolea, ceapa, somonul și pătrunjelul într-un alt castron de mărime medie și amestecați-le bine.

3. Apoi, puneți sosul cu suc de lămâie peste amestecul de fasole.

Amestecați bine nu până când dressingul îmbracă amestecul de fasole.

4. Serviți și savurați.

<u>Informații nutriționale:</u>Calorii 131 Kcal Proteine: 1,9 g Carbohidrați: 14,8 g Grăsimi: 8,5 g

Rigatoni de dovleac copt Ingrediente:

1 dovleac butternut enorm

3 catei de usturoi

2 linguri. ulei de masline

1 lb. rigatoni

1/2 c. crema consistenta

3 c. a distrus fontina

2 linguri. salvie crocantă tăiată

1 lingura. sare

1 lingura piper măcinat natural

1 c. pesmet panko

Directii:

1. Preîncălziți broilerul la 425 de grade F. Între timp, într-un castron mare, aruncați dovleceii, usturoiul și uleiul de măsline pentru a acoperi. Puneți pe o foaie de pregătire uriașă, cu ramă și un vas, până când sunt delicate, în jur de 60 de minute.

Mutați recipientul pe un grătar și lăsați să se răcească puțin, în jur de 10 minute. Reduceți aragazul la 350 de grade F.

2. Între timp, încălzește o oală uriașă cu apă cu sare până la punctul de fierbere și gătește rigatoni conform rulmenților mănunchiului. Canalizează și pune într-un loc sigur.

3. Folosind un blender sau un procesor de hrănire, faceți piure de dovlecei cu smântână copleșitoare până la omogenizare.

4. Într-un castron uriaș, aruncați piure de dovleac reținut rigatoni, 2 căni de fontina, savvy, sare și piper. Ungeți baza și părțile laterale ale unui vas de pregătire de 9 pe 13 inci cu ulei de măsline. Mutați amestecul de rigatoni-dovleac în farfurie.

5. Într-un castron mic, consolidați fontina și panko rămase. Se presară peste paste și se încălzesc până se întunecă strălucitor, 20 până la 25 de minute.

Supă Capellini cu tofu și creveți porții: 8

Timp de preparare: 20 de minute

Ingrediente:

4 căni de bok choy, feliate

1/4 de kilogram de creveți, decojiți, devenați

1 bloc de tofu ferm, tăiat în pătrate

1 cutie castane de apa taiate felii, scurse

1 legătură de ceai verde, tăiat felii

2 căni de bulion de pui cu conținut redus de sodiu

2 lingurițe de sos de soia, cu conținut redus de sodiu

2 cesti capellini

2 lingurite de ulei de susan

Piper alb proaspăt măcinat

1 lingurita de otet de vin de orez

Directii:

1. Turnați bulionul într-o cratiță la foc mediu-înalt. Se aduce la fierbere. Adăugați creveții, bok choy, uleiul și sosul. Se lasa sa fiarba si se da focul la mic. Se fierbe timp de 5 minute.

2. Adăugați castane de apă, ardei, oțet, tofu, capellini și ceai verde. Gatiti timp de 5 minute sau pana cand capellini sunt abia fragezi.

Serviți cât timp este fierbinte.

Informații nutriționale:Calorii 205 Carbohidrați: 20 g Grăsimi: 9 g Proteine: 9 g

Boluri pentru taco de chifteluțe Ingrediente:

Chiftele:

1 lb. Carne de vită macră (sub orice carne tocată, cum ar fi carnea de porc, curcan sau pui)

1 ou

1/4 ceasca de varza varza taita fin sau ierburi crocante precum patrunjelul sau coriandru (discretionar)

1 lingura de sare

1/2 lingurita piper negru

Boluri pentru Taco

2 căni de sos Enchilada (folosim făcut la comandă) 16 chiftele (fixări înregistrate anterior)

2 căni de orez fiert, alb sau închis la culoare

1 avocado, tăiat

1 cană Salsa achiziționată local sau Pico de Gallo 1 cană brânză măruntită

1 Jalapeno, tăiat delicat (discreționar)

1 lingura Coriandru, despicat

1 Lime, tăiat în felii

Chips Tortilla, pentru servire

Directii:

1. A face/Îngheța

2. Într-un castron mare, unește carnea tocată, ouăle, varza kale (dacă se folosește), sare și piper. Amestecați cu mâinile până când se consolidează în mod echitabil.

Structurați în 16 chiftelușe cu o distanță de aproximativ 1 inch și așezați-le pe un vas de foaie fixat cu folie.

3. În cazul în care folosiți în câteva zile, lăsați la frigider până la 2 zile.

4. În cazul în care se îngheață, puneți recipientul cu foaie în frigider până când chiftelele sunt tari. Mută-te într-un sac mai rece. Chiftele se vor păstra la rece timp de 3 până la 4 luni.

5. A găti

6. Într-o oală medie, aduceți sosul enchilada la o tocană scăzută. Includeți chiftelușe (nici un motiv convingător pentru a dezgheța mai întâi dacă sunt chiftele

solidificat). Tocăniți chiftele până când sunt gătite, 12 minute presupunând că sunt crocante și 20 de minute când se solidifică.

7. În timp ce tocană chiftele, pregătiți diferite preparate.

8. Adunați bolurile cu taco garnisind orez cu chifteluțe și sos, tăiați avocado, salsa, cheddar, bucăți de jalapeño și coriandru. Prezentat cu felii de lime și chipsuri tortilla.

Zoodles pesto de avocado cu porții de somon: 4

Timp de preparare: 25 de minute

Ingrediente:

1 lingura pesto

1 lămâie

2 fripturi de somon congelate/proaspete

1 dovlecel mare, spiralat

1 lingura piper negru

1 avocado

1/4 cană parmezan, ras

condimente italienesti

Directii:

1. Încălziți cuptorul la 375 F. Asezonați somonul cu condimente italiene, sare și piper și coaceți timp de 20 de minute.

2. Adăugați avocado în bol împreună cu o lingură de piper, suc de lămâie și o lingură de pesto. Piure avocado și ține-l deoparte.

3. Adăugați tăiței cu dovlecei într-un platou de servire, urmați de amestecul de avocado și somon.

4. Stropiți cu brânză. Adăugați mai mult pesto dacă este necesar. Bucurați-vă!

Informații nutriționale:128 calorii 9,9 g grăsimi 9 g carbohidrați totali 4 g proteine

Cartofi dulci, măr și ceapă condiționați cu turmeric cu pui

Porții: 4

Timp de gătire: 45 de minute

Ingrediente:

2 linguri de unt nesarat, la temperatura camerei 2 cartofi dulci medii

1 măr mare Granny Smith

1 ceapă medie, feliată subțire

4 piept de pui cu os, pe piele

1 lingurita sare

1 lingurita turmeric

1 lingurita de salvie uscata

¼ de lingurita piper negru proaspat macinat

1 cană de cidru de mere, vin alb sau bulion de pui Directii:

1. Preîncălziți cuptorul la 400°F. Se unge tava de copt cu unt.

2. Aranjați cartofii dulci, mărul și ceapa într-un singur strat pe tava de copt.

3. Puneți puiul, cu pielea în sus și asezonați cu sare, turmeric, salvie și piper. Adăugați cidrul.

4. Se prăjește în 35 până la 40 de minute. Scoatem, lasam sa se odihneasca 5 minute si servim.

Informații nutriționale: Calorii 386 Grăsimi totale: 12 g Carbohidrați totale: 26 g Zahăr: 10 g Fibre: 4 g Proteine: 44 g Sodiu: 932 mg

Porții de friptură de somon cu plante aromate: 4

Timp de gătire: 5 minute

Ingrediente:

1 lb. friptură de somon, clătită 1/8 linguriță piper cayenne 1 linguriță chili pudră

½ linguriță chimen

2 catei de usturoi, tocati

1 lingura ulei de masline

¾ lingurita sare

1 lingurita piper negru proaspat macinat

Directii:

1. Preîncălziți cuptorul la 350 de grade F.

2. Într-un castron, combinați ardeiul cayenne, pudra de chili, chimenul, sarea și piperul negru. Pus deoparte.

3. Stropiți cu ulei de măsline peste friptura de somon. Frecați pe ambele părți. Frecați usturoiul și amestecul de condimente pregătit. Lasă să stea timp de 10 minute.

4. După ce lăsați aromele să se topească, pregătiți o tigaie rezistentă la cuptor.

Încinge uleiul de măsline. Odată fierbinte, asezonați somonul timp de 4 minute pe ambele părți.

5. Transferați tigaia în cuptor. Coaceți timp de 10 minute. Servi.

<u>Informații nutriționale:</u>Calorii 210 Carbohidrați: 0 g Grăsimi: 14 g Proteine: 19 g

Tofu și legume de vară condimentate în Italia: 4

Timp de preparare: 20 de minute

Ingrediente:

2 dovlecei mari, tăiați în felii de ¼ inch

2 dovlecei mari de vară, tăiați în felii de ¼ inch grosime 1 kilogram tofu ferm, tăiați în cubulețe de 1 inch

1 cană bulion de legume sau apă

3 linguri ulei de măsline extravirgin

2 catei de usturoi, taiati felii

1 lingurita sare

1 linguriță amestec italian de condimente cu ierburi

¼ de lingurita piper negru proaspat macinat

1 lingură busuioc proaspăt feliat subțire

Directii:

1. Preîncălziți cuptorul la 400°F.

2. Combinați dovleceii, dovleceii, tofu, bulionul, uleiul, usturoiul, sarea, amestecul de condimente italiene cu ierburi și piperul pe o tavă mare de copt cu ramă și amestecați bine.

3. Se prăjește în 20 de minute.

4. Stropiți cu busuioc și serviți.

Informații nutriționale:Calorii 213 Grăsimi totale: 16 g Carbohidrați totale: 9 g Zahăr: 4 g Fibre: 3 g Proteine: 13 g Sodiu: 806 mg

Ingrediente pentru salata de capsuni si branza de capra:

1 kilogram de căpșuni crocante, tăiate cubulețe

Discreţional: 1 până la 2 linguriţe de nectar sau sirop de arţar, după gust 2 uncii de cheddar de capră dezintegrat (aproximativ ½ cană) ¼ de cană de busuioc crocant despicat, în plus faţă de câteva frunze de busuioc pentru înfrumuseţare

1 lingura ulei de masline extravirgin

1 lingura otet balsamic gros*

½ linguriță de sare de ocean maldon sau un ¼ inadecvat

linguriță sare fină de ocean

Piper închis măcinat crocant

Directii:

1. Răspândiți căpșunile tăiate cubulețe pe un platou de servire mediu sau un bol de servire puțin adânc. În cazul în care căpșunile nu sunt suficient de dulci așa cum ați prefera, aruncați-le cu o atingere de nectar sau sirop de arțar.

2. Presărați cheddarul de capră dezintegrat peste căpșuni, urmat de busuioc tăiat. Pune deasupra uleiul de măsline și oțetul balsamic.

3. Lustruiți farfuria cu verdeață amestecată cu sare, câteva bucăți de piper închis măcinat crocant și frunzele de busuioc păstrate. Pentru cea mai excelentă introducere, serviți rapid farfuria de verdeață amestecată.

Resturile se vor păstra bine la frigider, totuși, aproximativ 3 zile.

Turmeric, conopidă și tocană de cod Porții: 4

Timp de gătire: 30 de minute

Ingrediente:

½ kilogram de buchețe de conopidă

File de cod de 1 kg, dezosat, fără piele și tăiat cubulețe 1 linguriță ulei de măsline

1 ceapa galbena, tocata

½ linguriță de semințe de chimen

1 ardei iute verde, tocat

¼ de linguriță pudră de turmeric

2 rosii tocate

Un praf de sare si piper negru

½ cană bulion de pui

1 lingura coriandru, tocat

Directii:

1. Se încălzește o oală cu ulei la foc mediu, se adaugă ceapa, chiliul, chimenul și turmericul, se amestecă și se fierbe timp de 5 minute.

2. Adăugați conopida, peștele și celelalte ingrediente, amestecați, aduceți la fiert și fierbeți la foc mediu încă 25 de minute.

3. Împărțiți tocanita în boluri și serviți.

Informații nutriționale:calorii 281, grăsimi 6, fibre 4, carbohidrați 8, proteine 12

Deliciu cu nuci și sparanghel Porții: 4

Timp de gătire: 5 minute

Ingrediente:

1 linguriță și jumătate de ulei de măsline

¾ de kilogram de sparanghel, tăiat

¼ cană nuci, tocate

Seminte de floarea soarelui si piper dupa gust

Directii:

1. Pune o tigaie la foc mediu adauga ulei de masline si lasa sa se incinga.

2. Adăugați sparanghelul, căliți timp de 5 minute până se rumenesc.

3. Asezonați cu semințe de floarea soarelui și piper.

4. Îndepărtați căldura.

5. Adăugați nucile și amestecați.

Informații nutriționale:Calorii: 124 Grăsimi: 12 g Carbohidrați: 2 g Proteine: 3 g

Paste Alfredo Zucchini Ingrediente:

2 dovlecei medii spiralati

1-2 TB parmezan vegan (discreționar)

Sos Alfredo rapid

1/2 cană de caju brute udate câteva ore sau în apă clocotită timp de 10 minute

2 TB suc de lamaie

3 TB drojdie hrănitoare

2 linguri de miso alb (poate sub tamari, sos de soia sau aminoacizi de nucă de cocos)

1 lingurita praf de ceapa

1/2 lingurita praf de usturoi

1/4-1/2 cană apă

Directii:

1. Spiralizați tăiței cu dovlecel.

2. Adăugați toate ingredientele Alfredo într-un blender rapid (începând cu 1/4 de cană de apă) și amestecați până la omogenizare. În cazul în care sosul

tău este excesiv de gros, include mai multă apă o lingură deodată până obții consistența pe care o cauți.

3. Acoperiți tăițeii cu dovlecei cu sos Alfredo și, dacă doriți, niște cărucior vegetarian.

Ingrediente de pui cu quinoa curcan:

1 cană de quinoa, spălată

3-1/2 căni de apă, izolat

1/2 kilogram de curcan măcinat

1 ceapă dulce enormă, tăiată

1 ardei roșu dulce mediu, tăiat

4 catei de usturoi, tocati

1 lingură pudră de tocană de fasole

1 lingura chimen macinat

1/2 lingurita de scortisoara macinata

2 borcane (15 uncii fiecare) fasole neagră, spălată și epuizată 1 cutie (28 uncii) de roșii zdrobite

1 dovlecel mediu, tăiat

1 ardei chipotle in sos adobo, taiat

1 lingura sos adobo

1 frunză îngustă

1 lingurita oregano uscat

1/2 lingurita sare

1/4 lingurita piper

1 cană de porumb solidificat, decongelat

1/4 cană coriandru crocant tocat

Garnituri discrete: avocado cuburi, cheddar Monterey Jack distrus

Directii:

1. Într-o tigaie enormă, se încălzește quinoa și 2 căni de apă până la punctul de fierbere. Reduce căldura; se întinde și se fierbe timp de 12-15 minute sau până când se reține apa. Expulzați de la căldură; se ușurează cu o furculiță și se pune într-un loc sigur.

2. Apoi, într-o tigaie enormă acoperită cu duș de gătit, gătiți curcanul, ceapa, ardeiul roșu și usturoiul la căldură medie până când carnea nu mai devine niciodată roz și legumele sunt delicate; canal. Amestecați praful de tocană de fasole, chimen și scorțișoară; gătiți încă 2 minute.

Oricând doriți, prezentați cu garnituri discreționare.

3. Includeți fasolea întunecată, roșiile, dovlecelul, ardeiul chipotle, sosul de adobo, frunza sănătoasă, oregano, sare, piper și apa rămasă.

Se încălzește până la punctul de fierbere. Diminuează căldura; se întinde și se fierbe timp de 30 minute. Amestecați porumb și quinoa; căldură prin. Aruncați frunzele înguste; se amestecă în coriandru. Prezenți cu fixări discreționare după cum se dorește.

4. Alternativă de congelare: Înghețați tocană răcită în compartimente mai răcoritoare.

Pentru utilizare, decongelați incomplet la frigider pe termen mediu. Căldură într-o oală, amestecând din când în când; include sucuri sau apă dacă este vital.

Fidea cu usturoi și dovleac Porții: 4

Timp de preparare: 15 minute

Ingrediente:

Pentru Prepararea Sosului

¼ cană lapte de cocos

6 Întâlniri mari

2/3g nucă de cocos măcinată

6 catei de usturoi

2 linguri pasta de ghimbir

2 linguri Pasta de curry rosu

Pentru prepararea taiteilor

1 fierbeți tăiței de dovlecei

½ morcovi tăiați julienne

½ dovlecel tăiat julienne

1 ardei gras rosu mic

¼ cană nuci caju

Directii:

1. Pentru prepararea sosului, amestecați toate ingredientele și faceți un piure gros.

2. Tăiați dovleceii spaghetti pe lungime și faceți tăiței.

3. Ungeți ușor tava de copt cu ulei de măsline și coaceți tăițeii de dovlecei la 40C timp de 5-6 minute.

4. Pentru servire, încorporează tăiței și piure într-un bol. Sau serviți piureul alături de tăiței.

Informații nutriționale:Calorii 405 Carbohidrați: 107 g Grăsimi: 28 g Proteine: 7 g

Păstrăv la abur cu fasole roșie și salsa chili

Porții: 1

Timp de preparare: 16 minute

Ingrediente:

4 ½ oz roșii cherry, tăiate la jumătate

1/4 avocado, nedecojit

6 oz file de păstrăv oceanic fără piele

Frunze de coriandru de servit

2 lingurite ulei de masline

felii de lime, pentru a servi

4 ½ oz conserve de fasole roșie, clătită și scursă 1/2 ceapă roșie, tăiată subțire

1 lingură jalapenos murat, scurs

1/2 lingurita de chimen macinat

4 măsline siciliene/măsline verzi

Directii:

1. Pune un coș de aburi peste o oală cu apă clocotită. Adăugați peștele în coș și acoperiți, gătiți timp de 10-12 minute.

2. Scoateți peștele, apoi lăsați-l să se odihnească câteva minute. Între timp, preîncălziți puțin ulei într-o tigaie.

3. Adăugați jalapenos murați, fasole roșie, măsline, 1/2 linguriță de chimen și roșii cherry. Gatiti aproximativ 4-5 minute, amestecand continuu.

4. Puneți aluatul de fasole pe un platou de servire, urmat de păstrăv.

Deasupra adauga coriandru si ceapa.

5. Serviți împreună cu felii de lime și avocado. Bucurați-vă de păstrăv de ocean aburit cu salsa de fasole roșie și chili!

Informații nutriționale:243 calorii 33,2 g grăsimi 18,8 g carbohidrați totali 44 g proteine

Porții de supă de cartofi dulci și curcan: 4

Timp de gătire: 45 de minute

Ingrediente:

2 linguri ulei de masline

1 ceapa galbena, tocata

1 ardei gras verde, tocat

2 cartofi dulci, curatati si taiati cubulete

1 kg piept de curcan, fără piele, dezosat și tăiat cuburi 1 linguriță coriandru, măcinat

Un praf de sare si piper negru

1 lingurita boia dulce

6 căni de supă de pui

Suc de 1 lime

O mână de pătrunjel, tocat

Directii:

1. Se incinge o oala cu ulei la foc mediu, se adauga ceapa, ardeiul gras si cartofii dulci, se amesteca si se fierbe 5 minute.

2. Adăugați carnea și rumeniți încă 5 minute.

3. Adăugați restul ingredientelor, amestecați, aduceți la fiert și fierbeți la foc mediu încă 35 de minute.

4. Puneti supa in boluri si serviti.

Informații nutriționale:calorii 203, grăsimi 5, fibre 4, carbohidrați 7, proteine 8

Porții de somon la grătar miso: 2

Timp de preparare: 20 de minute

Ingrediente:

2 linguri. Sirop din esență de arțar

2 Lămâi

¼ cană Miso

¼ linguriță. Piper, măcinat

2 tei

2 ½ lb. Somon, pe piele

O strop de piper Cayenne

2 linguri. Ulei de măsline extra virgin

¼ cană Miso

Directii:

1. Mai întâi, amestecați într-un castron mic sucul de lămâie și sucul de lămâie până se combină bine.

2. Apoi, puneți miso, ardei cayenne, sirop de arțar, ulei de măsline și piper. Combinați bine.

3. Apoi, așezați somonul pe o foaie de copt tapetată cu hârtie de copt, cu pielea în jos.

4. Ungeți generos somonul cu amestecul de lămâie miso.

5. Acum, așezați bucățile de lămâie și lămâie tăiate pe părțile laterale, cu partea tăiată în sus.

6. La final, coaceți-le timp de 8 până la 12 minute sau până când peștele se fulge.

Informații nutriționale:Calorii: 230 KcalProteine: 28,3 g Carbohidrați: 6,7 g Grăsimi: 8,7 g

Porții de file fulgioase pur și simplu sotate: 6

Timp de preparare: 8 minute

Ingrediente:

6-file de tilapia

2 linguri ulei de măsline

1-buc lămâie, suc

Sare si piper dupa gust

¼ cana patrunjel sau coriandru, tocat

Directii:

1. Soteti fileuri de tilapia cu ulei de masline intr-o tigaie de marime medie pusa la foc mediu. Gatiti 4 minute pe fiecare parte pana cand pestele se fulge usor cu o furculita.

2. Adăugați sare și piper după gust. Se toarnă sucul de lămâie în fiecare file.

3. Pentru a servi, stropiți fileurile fierte cu pătrunjel tocat sau coriandru.

Informații nutriționale:Calorii: 249 CalGrasimi: 8,3 g Proteine: 18,6 g Carbohidrati: 25,9

Fibre: 1 g

Carnitas de porc Porții: 10

Timp de preparare: 8 ore. 10 minute

Ingrediente:

5 lbs. umăr de porc

2 catei de usturoi, tocati

1 lingurita piper negru

1/4 lingurita scortisoara

1 lingurita oregano uscat

1 lingurita chimen macinat

1 frunză de dafin

2 oz supă de pui

1 lingurita suc de lamaie

1 lingura pudra de chili

1 lingura sare

Directii:

1. Adăugați carnea de porc împreună cu restul ingredientelor într-un Slow Cooker.

2. Puneți capacul și gătiți timp de 8 ore. la foc mic.

3. Odată gata, mărunțiți carnea de porc fiartă folosind o furculiță.

4. Întindeți această carne de porc mărunțită pe o tavă de copt.

5. Se fierb timp de 10 minute apoi se serveste.

Informații nutriționale:Calorii 547 Grăsimi 39 g, Carbohidrati 2,6 g, Fibre 0 g, Proteine 43 g

Cioda de peste alb cu legume

Porții: 6 până la 8

Timp de gătire: 32 până la 35 de minute

Ingrediente:

3 cartofi dulci, decojiți și tăiați în bucăți de ½ inch 4 morcovi, curățați și tăiați în bucăți de ½ inch 3 căni de lapte de cocos plin de grăsime

2 căni de apă

1 lingurita de cimbru uscat

½ linguriță sare de mare

10½ uncii (298 g) de pește alb, fără piele și ferm, cum ar fi codul sau halibutul, tăiat în bucăți

Directii:

1. Adăugați cartofii dulci, morcovii, laptele de cocos, apa, cimbru și sarea de mare într-o cratiță mare la foc mare și aduceți la fierbere.

2. Reduceți focul la mic, acoperiți și fierbeți timp de 20 de minute până când legumele sunt fragede, amestecând din când în când.

3. Se toarnă jumătate din supă într-un blender și se face piure până se amestecă bine și se omogenizează, apoi se pune înapoi în oală.

4. Se amestecă bucățile de pește și se continuă gătitul pentru încă 12

până la 15 minute sau până când peștele este gătit.

5. Se ia de pe foc si se serveste in boluri.

Informații nutriționale:calorii: 450 ; grăsime: 28,7 g; proteine: 14,2 g; carbohidrați: 38,8 g; fibre: 8,1 g; zahăr: 6,7 g; sodiu: 250 mg

Porții de scoici cu lămâie: 4

Ingrediente:

1 lingura. ulei extravirgin de masline extravirgin 2 catei de usturoi tocati

2 lbs. scoici spălate

Sucul de la o lămâie

Directii:

1. Puneți puțină apă într-o oală, adăugați scoici, aduceți cu fierbere la foc mediu, fierbeți timp de 5 minute, aruncați scoicile nedeschise și transferați-le cu un bol.

2. Într-un alt castron, amestecați uleiul cu usturoiul și zeama de lămâie proaspăt stors, amestecați bine și adăugați peste midii, amestecați și serviți.

3. Bucură-te!

Informații nutriționale:Calorii: 140, grăsimi: 4 g, carbohidrați: 8 g, proteine: 8 g, zaharuri: 4 g, sodiu: 600 mg,

Porții de somon lime și chili: 2

Timp de preparare: 8 minute

Ingrediente:

1 lb. somon

1 lingura suc de lamaie

½ lingurita de piper

½ linguriță de pudră de chili

4 felii de lime

Directii:

1. Stropiți somonul cu suc de lămâie.

2. Stropiți ambele părți cu piper și pudră de chili.

3. Adăugați somon în friteuza cu aer.

4. Puneți felii de lime deasupra somonului.

5. Prăjiți la aer la 375 de grade F timp de 8 minute.

Paste cu ton cu brânză Porții: 3-4

Ingrediente:

2 c. voinicică

¼ c. ceapa verde tocata

1 lingura. otet rosu

5 oz. conserva de ton scurs

¼ linguriță. piper negru

2 oz. paste integrale fierte

1 lingura. ulei de masline

1 lingura. parmezan cu conținut scăzut de grăsimi ras

Directii:

1. Gatiti pastele in apa nesarata pana sunt gata. Scurgeți și puneți deoparte.

2. Într-un castron de dimensiuni mari, amestecați bine tonul, ceapa verde, oțetul, uleiul, rucola, pastele și piperul negru.

3. Amestecați bine și acoperiți cu brânză.

4. Serviți și savurați.

Informații nutriționale: Calorii: 566,3, grăsimi: 42,4 g, carbohidrați: 18,6 g, proteine: 29,8 g, zaharuri: 0,4 g, sodiu: 688,6 mg

Fâșii de pește cu crustă de nucă de cocos Porții: 4

Timp de preparare: 12 minute

Ingrediente:

Marinada

1 lingura sos de soia

1 lingurita de ghimbir macinat

½ cană lapte de cocos

2 linguri sirop de artar

½ cană suc de ananas

2 lingurite sos iute

Pește

1 lb. file de pește, feliat în fâșii

Piper dupa gust

1 cană pesmet

1 cană fulgi de cocos (neindulciți)

Spray de gatit

Directii:

1. Amestecați ingredientele pentru marinată într-un castron.

2. Se amestecă fâșiile de pește.

3. Acoperiți și dați la frigider pentru 2 ore.

4. Preîncălziți friteuza cu aer la 375 de grade F.

5. Într-un castron, amestecați ardeiul, pesmetul și fulgii de cocos.

6. Scufundați fâșiile de pește în amestecul de pesmet.

7. Pulverizați coșul de friteuză cu ulei.

8. Adăugați fâșii de pește în coșul pentru friteuza cu aer.

9. Se prăjește la aer timp de 6 minute pe fiecare parte.

Porții de pește mexican: 2

Timp de preparare: 10 minute

Ingrediente:

4 fileuri de peste

2 lingurițe de oregano mexican

4 lingurite chimen

4 lingurite pudra de chili

Piper dupa gust

Spray de gatit

Directii:

1. Preîncălziți friteuza cu aer la 400 de grade F.

2. Pulverizați peștele cu ulei.

3. Asezonați ambele părți ale peștelui cu condimente și piper.

4. Puneți peștele în coșul friteuzei cu aer.

5. Gatiti 5 minute.

6. Întoarceți și gătiți încă 5 minute.

Salsa de Pastrav Cu Castraveti: 4

Timp de preparare: 10 minute

Ingrediente:

salsa:

1 castravete englezesc, taiat cubulete

¼ cană iaurt de cocos neîndulcit

2 linguri de menta proaspata tocata

1 ceapă, părți albe și verzi, tocate

1 lingurita miere cruda

Sare de mare

Pește:

4 fileuri de păstrăv (5 uncii), uscate

1 lingura ulei de masline

Sare de mare și piper negru proaspăt măcinat, după gust<u>Directii:</u>

1. Pregătiți salsa: amestecați împreună iaurtul, castraveții, menta, ceapa verde, mierea și sarea de mare într-un castron mic până se amestecă complet. Pus deoparte.

2. Pe o suprafață de lucru curată, freacă fileurile de păstrăv ușor cu sare de mare și piper.

3. Încinge uleiul de măsline într-o tigaie mare la foc mediu. Adăugați fileurile de păstrăv în tigaia fierbinte și prăjiți timp de aproximativ 10 minute, răsturnând peștele la jumătate sau până când peștele este gătit după bunul plac.

4. Întindeți salsa deasupra peștelui și serviți.

Informații nutriționale:calorii: 328 ; grăsime: 16,2 g; proteine: 38,9 g; carbohidrați: 6,1 g

; fibre: 1,0 g; zahăr: 3,2 g; sodiu: 477 mg

Zoodles cu lămâie cu creveți porții: 4

Timp de preparare: 0 minute

Ingrediente:

Sos:

½ cană frunze de busuioc proaspăt la pachet

Suc de 1 lămâie (sau 3 linguri)

1 linguriță de usturoi tocat îmbuteliat

Ciupiți sare de mare

Ciupiți piper negru proaspăt măcinat

¼ de cană de lapte de cocos plin de grăsime

1 dovleac galben mare, tăiat în juliená sau în spirală 1 dovlecel mare, tăiat în juliená sau în spirală

454 g de creveți, devenați, fierți, curățați și răciți Raja de 1 lămâie (opțional)

Directii:

1. Pregătiți sosul: procesați frunzele de busuioc, sucul de lămâie, usturoiul, sare de mare și piper într-un robot de bucătărie până se toacă bine.

2. Turnați încet laptele de cocos în timp ce procesorul încă funcționează. Pulsați până la omogenizare.

3. Transferați sosul într-un castron mare, împreună cu dovleceii galbeni și dovleceii. Aruncă bine.

4. Presărați creveții și coaja de lămâie (dacă doriți) deasupra tăițeilor. Serviți imediat.

<u>Informații nutriționale:</u>calorii: 246 ; grăsime: 13,1 g; proteine: 28,2 g; carbohidrați: 4,9 g

; fibre: 2,0 g; zahăr: 2,8 g; sodiu: 139 mg

Porții de creveți crocanți: 4

Timp de preparare: 3 minute

Ingrediente:

1 lb. creveți, curățați și devenați

½ cană amestec de pâine de pește

Spray de gatit

Directii:

1. Preîncălziți friteuza cu aer la 390 de grade F.

2. Pulverizați creveții cu ulei.

3. Acoperiți cu amestecul de pâine.

4. Pulverizați coșul de friteuză cu ulei.

5. Adăugați creveții în coșul friteuzei.

6. Gatiti 3 minute.

Porții de biban la grătar: 2

Ingrediente:

2 catei de usturoi tocati

Piper.

1 lingura. suc de lămâie

2 fileuri de biban alb

¼ linguriță. amestec de condimente cu ierburi

Directii:

1. Pulverizați o tigaie cu puțin ulei de măsline și puneți fileurile pe ea.

2. Presărați peste file sucul de lămâie, usturoiul și condimentele.

3. Se lasa la gratar aproximativ 10 minute sau pana cand pestele este auriu.

4. Serviți peste un pat de spanac sotat dacă doriți.

Informații nutriționale:Calorii: 169, Grăsimi: 9,3 g, Carbohidrați: 0,34 g, Proteine: 15,3

g, zaharuri: 0,2 g, sodiu: 323 mg

Prăjituri cu somon Porții: 4

Timp de preparare: 10 minute

Ingrediente:

Spray de gatit

1 lb. file de somon, fulgi

¼ cană făină de migdale

2 lingurițe de condimente Old Bay

1 ceapa verde, tocata

Directii:

1. Preîncălziți friteuza cu aer la 390 de grade F.

2. Pulverizați coșul de friteuză cu ulei.

3. Într-un castron, combinați ingredientele rămase.

4. Formați chiftele din amestec.

5. Pulverizați ambele părți ale chifteluțelor cu ulei.

6. Se prăjește la aer timp de 8 minute.

Cod picant porții: 4

Ingrediente:

2 linguri. Pătrunjel proaspăt tocat

2 lbs. file de cod

2 c. salsa cu conținut scăzut de sodiu

1 lingura. ulei fără aromă

Directii:

1. Preîncălziți cuptorul la 350°F.

2. Într-o tavă mare și adâncă de copt se stropește uleiul de-a lungul fundului.

Puneți fileurile de cod în vas. Se toarnă salsa peste pește. Acoperiți cu folie pentru 20 de minute. Scoateți folia pentru ultimele 10 minute de gătit.

3. Coaceți la cuptor pentru 20 – 30 de minute, până când peștele devine fulger.

4. Serviți cu orez alb sau brun. Se orneaza cu patrunjel.

Informații nutriționale:Calorii: 110, grăsimi: 11 g, carbohidrați: 83 g, proteine: 16,5 g, zaharuri: 0 g, sodiu: 122 mg

Porții de tartinat cu păstrăv afumat: 2

Ingrediente:

2 lingurite. Suc proaspăt de lămâie

½ c. brânză de vaci cu conținut scăzut de grăsimi

1 tulpină de țelină tăiată cubulețe

¼ lb. file de păstrăv afumat cu piele,

½ linguriță. sos Worcestershire

1 lingura sos de ardei iute

¼ c. ceapa rosie tocata grosier

Directii:

1. Combinați păstrăvul, brânza de vaci, ceapa roșie, sucul de lămâie, sosul de ardei iute și sosul Worcestershire într-un blender sau robot de bucătărie.

2. Procesați până la omogenizare, oprindu-vă pentru a răzui părțile laterale ale bolului după cum este necesar.

3. Îndoiți țelina tăiată cubulețe.

4. A se pastra într-un recipient ermetic la frigider.

Informații nutriționale: Calorii: 57, grăsimi: 4 g, carbohidrați: 1 g, proteine: 4 g, zaharuri: 0 g, sodiu: 660 mg

Porții de ton și eșalotă: 4

Ingrediente:

½ c. supa de pui cu conținut scăzut de sodiu

1 lingura. ulei de masline

4 fileuri de ton dezosate și fără piele

2 salote tocate

1 lingura boia dulce

2 linguri. suc de lămâie

¼ linguriță. piper negru

Directii:

1. Se încălzește o tigaie cu ulei la foc mediu-mare, se adaugă eșalota și se călește timp de 3 minute.

2. Adăugați peștele și gătiți-l 4 minute pe fiecare parte.

3. Adaugati restul ingredientelor, gatiti totul inca 3 minute, impartiti in farfurii si serviti.

Informații nutriționale:Calorii: 4040, grăsimi: 34,6 g, carbohidrați: 3 g, proteine: 21,4 g, zaharuri: 0,5 g, sodiu: 1000 mg

Porții de creveți lămâie piper: 2

Timp de preparare: 10 minute

Ingrediente:

1 lingura suc de lamaie

1 lingura ulei de masline

1 lingurita piper lamaie

¼ linguriță de usturoi pudră

¼ lingurita boia

12 oz. creveți, decojiți și devenați

Directii:

1. Preîncălziți friteuza cu aer la 400 de grade F.

2. Amesteca intr-un castron sucul de lamaie, uleiul de masline, piperul de lamaie, pudra de usturoi si boia.

3. Amestecați creveții și acoperiți uniform cu amestecul.

4. Adăugați în friteuza cu aer.

5. Gatiti 8 minute.

Porții de friptură de ton fierbinte: 6

Ingrediente:

2 linguri. Suc proaspăt de lămâie

Piper.

Maioneza cu usturoi cu portocale prajita

¼ c. boabe întregi de piper negru

6 fripturi de ton feliate

2 linguri. Ulei de măsline extra virgin

Sare

Directii:

1. Așezați tonul într-un castron pentru a se potrivi. Adăugați uleiul, zeama de lămâie, sare și piper. Întoarceți tonul pentru a se îmbrăca bine în marinată. Lăsați să se odihnească 15 până la 20

minute, întorcându-se o dată.

2. Așezați boabele de piper într-o grosime dublă de pungi de plastic. Loviți boabele de piper cu o cratiță grea sau un ciocan mic pentru a le zdrobi grosier. Se pune pe o farfurie mare.

3. Când este gata să gătiți tonul, înmuiați marginile în boabele de piper zdrobite. Încinge o tigaie antiaderentă la foc mediu. Se prăjesc fripturile de ton, în loturi, dacă este necesar, timp de 4 minute pe fiecare parte pentru peștele mediu-rar, adăugând 2 până la 3 linguri de marinadă în tigaie, dacă este necesar, pentru a preveni lipirea.

4. Se servesc cu maioneza de usuroi portocale prajita<u>Informații nutriționale:</u>Calorii: 124, grăsimi: 0,4 g, carbohidrați: 0,6 g, proteine: 28 g, zaharuri: 0 g, sodiu: 77 mg

Porții de somon cajun: 2

Timp de preparare: 10 minute

Ingrediente:

2 fileuri de somon

Spray de gatit

1 lingură condiment cajun

1 lingura miere

Directii:

1. Preîncălziți friteuza cu aer la 390 de grade F.

2. Pulverizați pe ambele părți cu ulei.

3. Stropiți cu condimente cajun.

4. Pulverizați coșul de friteuză cu ulei.

5. Adăugați somon în coșul pentru friteuză.

6. Se prăjește la aer timp de 10 minute.

Bol De Somon De Quinoa Cu Legume

Porții: 4

Timp de preparare: 0 minute

Ingrediente:

454 g de somon fiert, fulgi

4 căni de quinoa fiartă

6 ridichi, feliate subțiri

1 dovlecel, feliat în jumătăți de lună

3 cani de rucola

3 ceapă, tocată

½ cană ulei de migdale

1 lingurita sos iute fara zahar

1 lingura otet de mere

1 lingurita sare de mare

½ cană migdale tăiate prăjite, pentru ornat (opțional)Directii:

1. Într-un castron mare, amestecați somonul în fulgi, quinoa fiartă, ridichile, dovleceii, rucola și ceapa și amestecați bine.

2. Adăugați uleiul de migdale, sosul iute, oțetul de mere și sarea de mare și amestecați.

3. Împărțiți amestecul în patru boluri. Împrăștiați fiecare castron uniform cu migdalele tăiate pentru ornat, dacă doriți. Serviți imediat.

Informații nutriționale:calorii: 769 ; grăsime: 51,6 g; proteine: 37,2 g; carbohidrați: 44,8 g; fibre: 8,0 g; zahăr: 4,0 g; sodiu: 681 mg

Porții de pește mărunțit: 4

Timp de preparare: 15 minute

Ingrediente:

¼ cană ulei de măsline

1 cană pesmet uscat

4 fileuri de peste alb

Piper dupa gust

Directii:

1. Preîncălziți friteuza cu aer la 350 de grade F.

2. Presărați peștele pe ambele părți cu piper.

3. Combinați uleiul și pesmetul într-un castron.

4. Scufundați peștele în amestec.

5. Apăsați pesmetul pentru a adera.

6. Puneți peștele în friteuza cu aer.

7. Gatiti 15 minute.

Porții de chifteluțe simple cu somon: 4

Timp de gătire: 8 până la 10 minute

Ingrediente:

454 g fileuri de somon fără piele, tocate ¼ cană ceapă dulce tocată

½ cană făină de migdale

2 catei de usturoi, tocati

2 oua, batute

1 lingurita mustar de Dijon

1 lingura suc de lamaie proaspat stors

Tasați fulgi de ardei roșu

½ linguriță sare de mare

¼ de lingurita piper negru proaspat macinat

1 lingura ulei de avocado

Directii:

1. Amestecați într-un castron mare somonul tocat, ceapa dulce, făina de migdale, usturoiul, ouăle bătute, muștarul, sucul de lămâie, fulgii de ardei roșu, sarea de mare și piperul și amestecați până se incorporează bine.

2. Lăsați amestecul de somon să se odihnească timp de 5 minute.

3. Scoateți amestecul de somon și modelați cu mâinile patru chifle groase de ½ inch.

4. Încinge uleiul de avocado într-o tigaie mare la foc mediu. Adăugați chiftelele în tigaia fierbinte și gătiți fiecare parte timp de 4 până la 5 minute până se rumenesc ușor și sunt fierte.

5. Se ia de pe foc si se serveste pe o farfurie.

<u>Informații nutriționale:</u>calorii: 248 ; grăsime: 13,4 g; proteine: 28,4 g; carbohidrați: 4,1 g

; fibre: 2,0 g; zahăr: 2,0 g; sodiu: 443 mg

Porții de creveți floricele: 4

Timp de preparare: 10 minute

Ingrediente:

½ lingurita praf de ceapa

½ linguriță de usturoi pudră

½ lingurita boia

¼ linguriță de muștar măcinat

⅛ linguriță de salvie uscată

⅛ linguriță de cimbru măcinat

⅛ linguriță de oregano uscat

⅛ linguriță busuioc uscat

Piper dupa gust

3 linguri amidon de porumb

1 lb. creveți, curățați și devenați

Spray de gatit

Directii:

1. Combinați toate ingredientele, cu excepția creveților, într-un castron.

2. Acoperiți creveții cu amestecul.

3. Pulverizați coșul pentru friteuză cu ulei.

4. Preîncălziți friteuza cu aer la 390 de grade F.

5. Adăugați creveți înăuntru.

6. Se prăjește la aer timp de 4 minute.

7. Agitați coșul.

8. Gatiti inca 5 minute.

Porții de pește picant la cuptor: 5

Ingrediente:

1 lingura. ulei de masline

1 lingura condimente fără sare

1 lb. file de somon

Directii:

1. Preîncălziți cuptorul la 350F.

2. Stropiți peștele cu ulei de măsline și condimentele.

3. Coaceți 15 min neacoperit.

4. Tăiați și serviți.

Informații nutriționale:Calorii: 192, grăsimi: 11 g, carbohidrați: 14,9 g, proteine: 33,1 g, zaharuri: 0,3 g, sodiu: 505 6 mg

Ton boiaua porții: 4

Ingrediente:

½ linguriță. pudra de chili

2 lingurite. boia dulce

¼ linguriță. piper negru

2 linguri. ulei de masline

4 fripturi de ton dezosate

Directii:

1. Se încălzește o tigaie cu ulei la foc mediu-mare, se adaugă fripturile de ton, se condimentează cu boia de ardei, piper negru și praf de chili, se fierbe 5 minute pe fiecare parte, se împarte în farfurii și se servesc cu o salată.

Informații nutriționale:Calorii: 455, grăsimi: 20,6 g, carbohidrați: 0,8 g, proteine: 63,8

g, zaharuri: 7,4 g, sodiu: 411 mg

Porții de chifteluțe de pește: 2

Timp de gătire: 7 minute

Ingrediente:

8 oz. file de peste alb, fulgi

Pudră de usturoi după gust

1 lingurita suc de lamaie

Directii:

1. Preîncălziți friteuza cu aer la 390 de grade F.

2. Combinați toate ingredientele.

3. Formați chiftele din amestec.

4. Puneți chiftele de pește în friteuza cu aer.

5. Gatiti 7 minute.

Scoițe prăjite cu porții de miere: 4

Timp de preparare: 15 minute

Ingrediente:

1 kilogram (454 g) scoici mari, clătite și bătute cu sare de mare Dash uscată

Păsați piper negru proaspăt măcinat

2 linguri ulei de avocado

¼ cană miere crudă

3 linguri de aminoacizi de cocos

1 lingura otet de mere

2 catei de usturoi, tocati

Directii:

1. Într-un castron, adăugați scoicile, sarea de mare și piperul și amestecați până se îmbracă bine.

2. Într-o tigaie mare, încălziți uleiul de avocado la foc mediu-mare.

3. Prăjiți scoicile timp de 2 până la 3 minute pe fiecare parte sau până când scoicile devin albe sau opace și ferme.

4. Scoate scoicile de pe foc într-o farfurie și cort lejer cu folie pentru a se menține cald. Pus deoparte.

5. Adăugați mierea, aminoacizii de cocos, oțetul și usturoiul în tigaie și amestecați bine.

6. Aduceți la fiert și gătiți aproximativ 7 minute până când lichidul se reduce, amestecând din când în când.

7. Întoarceți scoicile prăjite în tigaie, amestecând pentru a le acoperi cu glazură.

8. Împărțiți scoicile în patru farfurii și serviți calde.

Informații nutriționale:calorii: 382 ; grăsime: 18,9 g; proteine: 21,2 g; carbohidrați: 26,1 g; fibre: 1,0 g; zahăr: 17,7g; sodiu: 496 mg

File de cod cu ciuperci Shiitake Porții: 4

Timp de gătire: 15 până la 18 minute

Ingrediente:

1 cățel de usturoi, tocat

1 praz, feliat subțire

1 lingurita radacina de ghimbir proaspat tocata

1 lingura ulei de masline

½ cană de vin alb sec

½ cană ciuperci shiitake feliate

4 fileuri de cod (6 uncii / 170 g).

1 lingurita sare de mare

⅛ linguriță de piper negru proaspăt măcinat

Directii:

1. Preîncălziți cuptorul la 375 °F (190 °C).

2. Amestecați usturoiul, prazul, rădăcina de ghimbir, vinul, uleiul de măsline și ciupercile într-o tavă de copt și amestecați până când ciupercile sunt acoperite uniform.

3. Coaceți în cuptorul preîncălzit timp de 10 minute până se rumenesc ușor.

4. Scoateți tava de copt din cuptor. Deasupra se întinde fileurile de cod și se condimentează cu sare de mare și piper.

5. Acoperiți cu folie de aluminiu și întoarceți la cuptor. Coaceți pentru 5 până la 8

mai multe minute sau până când peștele devine fulger.

6. Scoateți folia de aluminiu și răciți timp de 5 minute înainte de servire.

Informații nutriționale:calorii: 166 ; grăsime: 6,9 g; proteine: 21,2 g; carbohidrați: 4,8 g; fibre: 1,0 g; zahăr: 1,0 g; sodiu: 857 mg

Porții de biban alb la grătar: 2

Ingrediente:

1 lingura usturoi tocat

Piper negru

1 lingura. suc de lămâie

8 oz. file de biban alb

¼ linguriță. amestec de condimente cu ierburi fără sare

Directii:

1. Preîncălziți broilerul și poziționați grătarul la 4 inci de sursa de căldură.

2. Pulverizați ușor o tavă de copt cu spray de gătit. Puneți fileurile în tigaie. Presărați peste file sucul de lămâie, usturoiul, condimentele cu ierburi și piperul.

3. Se prăjește până când peștele devine opac când este testat cu vârful unui cuțit, aproximativ 8 până la 10 minute.

4. Serviți imediat.

Informații nutriționale:Calorii: 114, grăsimi: 2 g, carbohidrați: 2 g, proteine: 21 g, zaharuri: 0,5 g, sodiu: 78 mg

Merluciu cu roșii la cuptor Porții: 4-5

Ingrediente:

½ c. sos de rosii

1 lingura. ulei de masline

Pătrunjel

2 rosii felii

½ c. Cașcaval ras

4 lbs. pește de merluciu dezosat și tăiat felii

Sare.

Directii:

1. Preîncălziți cuptorul la 400 OF.

2. Condimentează peștele cu sare.

3. Într-o tigaie sau cratiță; se caleste pestele in ulei de masline pana se face pe jumatate.

4. Luați patru hârtie de folie pentru a acoperi peștele.

5. Modelați folia astfel încât să semene cu recipientele; adăugați sosul de roșii în fiecare recipient din folie.

6. Adăugați peștele, feliile de roșii și acoperiți cu brânză rasă.

7. Coaceți până obțineți o crustă aurie, timp de aproximativ 20-25 minute.

8. Deschideți pachetele și acoperiți cu pătrunjel.

Informații nutriționale:Calorii: 265, grăsimi: 15 g, carbohidrați: 18 g, proteine: 22 g, zaharuri: 0,5 g, sodiu: 94,6 mg

Porții de eglefin prăjit cu sfeclă: 4

Timp de gătire: 30 de minute

Ingrediente:

8 sfeclă, curățată și tăiată în optimi

2 salote, feliate subtiri

2 linguri otet de mere

2 linguri ulei de măsline, împărțit

1 linguriță de usturoi tocat îmbuteliat

1 lingurita de cimbru proaspat tocat

Ciupiți sare de mare

4 fileuri de eglefin (5 uncii / 142 g), uscateDirectii:

1. Preîncălziți cuptorul la 400ºF (205ºC).

2. Combinați sfecla, eșalota, oțetul, 1 lingură de ulei de măsline, usturoiul, cimbru și sare de mare într-un castron mediu și amestecați pentru a se acoperi bine.

Întindeți amestecul de sfeclă într-o tavă de copt.

3. Se coace la cuptorul preincalzit pentru aproximativ 30 de minute, intorcand o data sau de doua ori cu o spatula, sau pana cand sfecla este frageda.

4. Între timp, încălziți restul de 1 lingură de ulei de măsline într-o tigaie mare la foc mediu-mare.

5. Adăugați eglefinul și prăjiți fiecare parte timp de 4 până la 5 minute, sau până când pulpa este opaca și se desface ușor.

6. Transferați peștele pe o farfurie și serviți acoperit cu sfecla prăjită.

Informații nutriționale:calorii: 343 ; grăsime: 8,8 g; proteine: 38,1 g; carbohidrați: 20,9 g

; fibre: 4,0 g; zahăr: 11,5 g; sodiu: 540 mg

Porții de ton topit de inimă: 4

Ingrediente:

3 oz. brânză cheddar cu conținut scăzut de grăsimi rasă

1/3 c. telina tocata

Piper negru și sare

¼ c. ceapa maruntita

2 brioșe englezești din grâu integral

6 oz. ton alb scurs

¼ c. rusă cu conținut scăzut de grăsimi

Directii:

1. Preîncălziți broilerul. Combinați tonul, țelina, ceapa și sosul pentru salată.

2. Asezonați cu sare și piper.

3. Prăjiți jumătăți de brioșe englezești.

4. Puneți partea despicată în sus pe tava de copt și acoperiți fiecare cu 1/4 din amestec de ton.

5. Se prăjește 2-3 minute sau până când se încălzește.

6. Acoperiți cu brânză și întoarceți-l în broiler până când brânza se topește, cu aproximativ 1 minut mai mult.

Informații nutriționale: Calorii: 320, grăsimi: 16,7 g, carbohidrați: 17,1 g, proteine: 25,7

g, zaharuri: 5,85 g, sodiu: 832 mg

Lămâie Somon Cu Lime Kaffir Porții: 8

Ingrediente:

1 tulpină de iarbă de lămâie tăiată în sferturi și învinețită

2 frunze de tei rupte de kaffir

1 lămâie feliată subțire

1 ½ c. frunze proaspete de coriandru

1 file întreg de somon

Directii:

1. Preîncălziți cuptorul la 350◦F.

2. Acoperiți o tavă de copt cu foi de folie, suprapunând părțile laterale 3. Puneți somonul pe folie, deasupra cu lămâie, frunze de tei, iarbă de lămâie și 1 cană de frunze de coriandru. Opțiune: asezonați cu sare și piper.

4. Aduceți partea lungă a foliei în centru înainte de a plia sigiliul.

Rulați capetele pentru a închide somonul.

5. Coaceți timp de 30 de minute.

6. Transferați peștele fiert pe un platou. Acoperiți cu coriandru proaspăt.

Se serveste cu orez alb sau brun.

Informații nutriționale: Calorii: 103, grăsimi: 11,8 g, carbohidrați: 43,5 g, proteine: 18 g, zaharuri: 0,7 g, sodiu: 322 mg

Somon fraged în sos de muștar Porții: 2

Ingrediente:

5 linguri. Mărar tocat

2/3 c. smântână

Piper.

2 linguri. mustar Dijon

1 lingura praf de usturoi

5 oz. file de somon

2-3 linguri. Suc de lămâie

Directii:

1. Amesteca smantana, mustarul, zeama de lamaie si mararul.

2. Se condimentează fileurile cu piper și pudră de usturoi.

3. Aranjați somonul pe o foaie de copt cu pielea în jos și acoperiți cu sosul de muștar preparat.

4. Coaceți timp de 20 de minute la 390°F.

Informații nutriționale: Calorii: 318, grăsimi: 12 g, carbohidrați: 8 g, proteine: 40,9 g, zaharuri: 909,4 g, sodiu: 1,4 mg

Porții de salată de crab: 4

Ingrediente:

2 c. carne de crab

1 c. roșii cherry tăiate în jumătate

1 lingura. ulei de masline

Piper negru

1 eșalotă tocată

1/3 c. coriandru tocat

1 lingura. suc de lămâie

Directii:

1. Într-un castron, combinați crabul cu roșiile și celelalte ingrediente, amestecați și serviți.

Informații nutriționale:Calorii: 54, grăsimi: 3,9 g, carbohidrați: 2,6 g, proteine: 2,3 g, zaharuri: 2,3 g, sodiu: 462,5 mg

Somon copt cu sos miso Porții: 4

Timp de gătire: 15 până la 20 de minute

Ingrediente:

Sos:

¼ cană de cidru de mere

¼ cană miso alb

1 lingura ulei de masline

1 lingura otet de orez alb

⅛ linguriță de ghimbir măcinat

4 fileuri de somon dezosate (3 până la 4 uncii / 85 până la 113 g) 1 ceapă verde feliată, pentru garnitură

⅛ lingurita fulgi de ardei rosu, pentru garnitura

Directii:

1. Preîncălziți cuptorul la 375 °F (190 °C).

2. Preparați sosul: amestecați într-un castron mic cidrul de mere, misoul alb, uleiul de măsline, oțetul de orez, ghimbirul. Adăugați puțină apă dacă doriți o consistență mai subțire.

3. Aranjați fileurile de somon într-o tavă de copt, cu pielea în jos. Peste fileuri se pune sosul preparat cu lingura pentru a se acoperi uniform.

4. Coaceți în cuptorul preîncălzit timp de 15 până la 20 de minute, sau până când peștele se fulge ușor cu o furculiță.

5. Se orneaza cu ceata taiata felii si fulgi de ardei rosu si se serveste.

Informații nutriționale:calorii: 466 ; grăsime: 18,4 g; proteine: 67,5g ; carbohidrați: 9,1 g

; fibre: 1,0 g; zahăr: 2,7 g; sodiu: 819 mg

Cod la cuptor acoperit cu ierburi cu miere

Porții: 2

Ingrediente:

6 linguri. Umplutura cu aroma de ierburi

8 oz. file de cod

2 linguri. Miere

Directii:

1. Preîncălziți cuptorul la 375 0F.

2. Pulverizați ușor o tavă de copt cu spray de gătit.

3. Puneți umplutura cu aromă de ierburi într-o pungă și închideți. Se zdrobește umplutura până devine sfărâmicioasă.

4. Ungeți peștii cu miere și scăpați de mierea rămasă.

Adăugați un file în punga de umplutură și agitați ușor pentru a acoperi peștele complet.

5. Transferați codul în tava de copt și repetați procesul pentru al doilea pește.

6. Înfășurați fileurile cu folie și coaceți până când sunt ferme și opace, când testați cu vârful lamei unui cuțit, aproximativ zece minute.

7. Serviți fierbinte.

Informații nutriționale:Calorii: 185, grăsimi: 1 g, carbohidrați: 23 g, proteine: 21 g, zaharuri: 2 g, sodiu: 144,3 mg

Parmezan Cod Mix Porții: 4

Ingrediente:

1 lingura. suc de lămâie

½ c. ceapa verde tocata

4 file de cod dezosat

3 catei de usturoi tocati

1 lingura. ulei de masline

½ c. parmezan mărunțit cu conținut scăzut de grăsimi

Directii:

1. Se incinge o tigaie cu ulei la foc mediu, se adauga usturoiul si ceapa verde, se amesteca si se calesc 5 minute.

2. Adăugați peștele și gătiți-l 4 minute pe fiecare parte.

3. Adăugați zeama de lămâie, stropiți parmezanul deasupra, gătiți totul încă 2 minute, împărțiți-l în farfurii și serviți.

Informații nutriționale:Calorii: 275, grăsimi: 22,1 g, carbohidrați: 18,2 g, proteine: 12 g, zaharuri: 0,34 g, sodiu: 285,4 mg

Porții de creveți crocanți cu usturoi: 4

Timp de preparare: 10 minute

Ingrediente:

1 lb. creveți, curățați și devenați

2 lingurițe de usturoi pudră

Piper dupa gust

¼ cană făină

Spray de gatit

Directii:

1. Asezonați creveții cu pudră de usturoi și piper.

2. Se unge cu făină.

3. Pulverizați coșul de friteuză cu ulei.

4. Adăugați creveți în coșul pentru friteuza cu aer.

5. Gătiți la 400 de grade F timp de 10 minute, agitând o dată la jumătate.

Amestecul cremos de biban de mare Porții: 4

Ingrediente:

1 lingura. pătrunjel tocat

2 linguri. ulei de avocado

1 c. Crema de nuca de cocos

1 lingura. suc de lămâie

1 ceapa galbena tocata

¼ linguriță. piper negru

4 fileuri de biban de mare dezosate

Directii:

1. Se încălzește o tigaie cu ulei la foc mediu, se adaugă ceapa, se amestecă și se călește timp de 2 minute.

2. Adăugați peștele și gătiți-l 4 minute pe fiecare parte.

3. Adaugati restul ingredientelor, gatiti totul inca 4 minute, impartiti in farfurii si serviti.

Informații nutriționale:Calorii: 283, grăsimi: 12,3 g, carbohidrați: 12,5 g, proteine: 8 g, zaharuri: 6 g, sodiu: 508,8 mg

Porții de castraveți Ahi Poke: 4

Timp de preparare: 0 minute

Ingrediente:

Ahi Poke:

1 kilogram (454 g) ton ahi de calitate sushi, tăiat în cuburi de 1 inch 3 linguri de aminoacizi de nucă de cocos

3 ceai, feliați subțiri

1 ardei iute serrano, fără semințe și tocat (opțional) 1 linguriță ulei de măsline

1 lingurita otet de orez

1 lingurita de seminte de susan prajite

Dash ghimbir măcinat

1 avocado mare, taiat cubulete

1 castravete, feliat în rondele de ½ inch grosime Directii:

1. Faceți ahi poke: Aruncați cuburile de ton ahi cu aminoacizi de nucă de cocos, ceai verde, chile serrano (dacă se dorește), ulei de măsline, oțet, semințe de susan și ghimbir într-un castron mare.

2. Acoperiți vasul cu folie de plastic și marinați la frigider pentru 15 minute.

3. Adăugați avocado tăiat cubulețe în bolul de ahi poke și amestecați pentru a se încorpora.

4. Aranjați rondelele de castraveți pe o farfurie de servire. Puneti ahi poke peste castravete si serviti.

Informații nutriționale:calorii: 213 ; grăsime: 15,1 g; proteine: 10,1 g; carbohidrați: 10,8 g; fibre: 4,0 g; zahăr: 0,6 g; sodiu: 70 mg

Mix de cod de mentă Porții: 4

Ingrediente:

4 file de cod dezosat

½ c. supa de pui cu conținut scăzut de sodiu

2 linguri. ulei de masline

¼ linguriță. piper negru

1 lingura. menta tocata

1 lingura. coaja rasa de lamaie

¼ c. eșalotă tocată

1 lingura. suc de lămâie

Directii:

1. Se încălzește o tigaie cu ulei la foc mediu, se adaugă șalota, se amestecă și se călește timp de 5 minute.

2. Adăugați codul, sucul de lămâie și celelalte ingrediente, aduceți la fiert și fierbeți la foc mediu timp de 12 minute.

3. Împărțiți totul în farfurii și serviți.

Informații nutriționale: Calorii: 160, grăsimi: 8,1 g, carbohidrați: 2 g, proteine: 20,5 g, zaharuri: 8 g, sodiu: 45 mg

Porții de tilapia cu lămâie și cremoasă: 4

Ingrediente:

2 linguri. Coriandru proaspăt tocat

¼ c. maioneză cu conținut scăzut de grăsimi

Piper negru proaspăt măcinat

¼ c. suc proaspăt de lămâie

4 file de tilapia

½ c. brânză de parmezan cu conținut scăzut de grăsime rasă

½ linguriță. praf de usturoi

Directii:

1. Într-un castron, amestecați toate ingredientele, cu excepția fileurilor de tilapia și a coriandru.

2. Acoperiți fileurile cu amestecul de maioneză uniform.

3. Așezați fileurile pe o hârtie de folie mare. Înfășurați hârtia de folie în jurul fileurilor pentru a le sigila.

4. Aranjați pachetul de folie în partea de jos a unui aragaz lent mare.

5. Setați aragazul lent la mic.

6. Acoperiți și gătiți timp de 3-4 ore.

7. Serviți cu garnitura de coriandru.

Informații nutriționale: Calorii: 133,6, grăsimi: 2,4 g, carbohidrați: 4,6 g, proteine: 22 g, zaharuri: 0,9 g, sodiu: 510,4 mg

Porții de tacos cu pește: 4

Timp de preparare: 20 de minute

Ingrediente:

Spray de gatit

1 lingura ulei de masline

4 cesti slaw de varza

1 lingura otet de mere

1 lingura suc de lamaie

Ciupiți piper cayenne

Piper dupa gust

2 linguri amestec de condimente pentru taco

¼ cană făină universală

1 lb. file de cod, feliat în cuburi

4 tortilla de porumb

Directii:

1. Preîncălziți friteuza cu aer la 400 de grade F.

2. Pulverizați coșul de friteuză cu ulei.

3. Într-un castron amestecați uleiul de măsline, râpa de varză, oțetul, sucul de lămâie, ardeiul cayenne și piperul.

4. Într-un alt castron, amestecați condimentele pentru taco și făina.

5. Ungeți cuburile de pește cu amestecul de condimente pentru taco.

6. Adăugați-le în coșul friteuzei cu aer.

7. Se prăjește la aer timp de 10 minute, agitând la jumătate.

8. Acoperiți tortillale de porumb cu amestecul de pește și varză și rulați-le.

Mix de biban de ghimbir Porții: 4

Ingrediente:

4 fileuri de biban de mare dezosate

2 linguri. ulei de masline

1 lingura ghimbir ras

1 lingura. coriandru tocat

Piper negru

1 lingura. oțet balsamic

Directii:

1. Se incinge o tigaie cu ulei la foc mediu, se adauga pestele si se fierbe 5 minute pe fiecare parte.

2. Adăugați restul ingredientelor, gătiți totul încă 5 minute, împărțiți totul în farfurii și serviți.

Informații nutriționale:Calorii: 267, grăsimi: 11,2 g, carbohidrați: 1,5 g, proteine: 23 g, zaharuri: 0,78 g, sodiu: 321,2 mg

www.ingramcontent.com/pod-product-compliance
Lightning Source LLC
Chambersburg PA
CBHW070408120526
44590CB00014B/1315